Hans Joachim Hirsch
Strafrecht und Überzeugungstäter

Schriftenreihe
der
Juristischen Gesellschaft zu Berlin

Heft 147

W
DE
G

1996
Walter de Gruyter · Berlin · New York

Strafrecht und Überzeugungstäter

Von
Hans Joachim Hirsch

Vortrag
gehalten vor der
Juristischen Gesellschaft zu Berlin
am 13. März 1996

W
DE
G

1996
Walter de Gruyter · Berlin · New York

Dr. iur. Dr. iur. h. c. mult. *Hans Joachim Hirsch,*
em. o. Professor an der Universität zu Köln,
Gastprofessor an der Universität Halle-Wittenberg

⊗ Gedruckt auf säurefreiem Papier,
das die US-ANSI-Norm über Haltbarkeit erfüllt.

Die Deutsche Bibliothek – CIP-Einheitsaufnahme

Hirsch, Hans Joachim:
Strafrecht und Überzeugungstäter : Vortrag gehalten vor der
Juristischen Gesellschaft zu Berlin am 13. März 1996 / von
Hans Joachim Hirsch. – Berlin ; New York : de Gruyter, 1996
(Schriftenreihe der Juristischen Gesellschaft zu Berlin ; H. 147)
ISBN 3-11-015542-7
NE: Juristische Gesellschaft <Berlin>: Schriftenreihe der Juristischen
...

Klaus Stern
in freundschaftlicher Verbundenheit
gewidmet

I. Praktische Fälle und begriffliche Differenzierungen

Pluralistische und multikulturelle Entwicklungen in der Gesellschaft verschaffen der Überzeugungstäterproblematik zunehmende Aktualität. Blickt man zurück auf die ersten Jahrzehnte der Bundesrepublik, so standen im Mittelpunkt des juristischen Interesses die auf Gewissensgründe gestützte Wehrdienstverweigerung (Art. 4 Abs. 3 GG) und dann auch die Ersatzdienstverweigerung[1]. Daneben ging es namentlich um Fälle wie die Ablehnung der Pflichtimpfung und die Versagung der elterlichen Zustimmung zur lebensrettenden Bluttransfusion[2]. Bei denen mit religiösem Hintergrund spielten vor allem die Zeugen Jehovas eine Rolle[3]. Seither hat sich der Bereich des Themas erheblich erweitert. Neben Fällen wie dem durch die Liberalisierung des Schwangerschaftsabbruchs zu Aktualität gelangten und deshalb Mitte der siebziger Jahre gesetzlich geregelten Fall der ärztlichen Verweigerung des Eingriffs[4] und dem ebenfalls zu jener Zeit das Tätigwerden des Gesetzgebers veranlassenden prozeßrechtlichen Fall der gewissensbedingten Eidesverweigerung[5] sind weitere Sachverhalte aktuell geworden. Es geht dabei um sehr unterschiedlich zu bewertende Erscheinungen: von der direkten aktiven Euthanasie, dem von Eltern aus religiösen Gründen veranlaßten Verstoß gegen die Schulpflicht und dem inzwischen bundesgesetzlich geregelten Fall des religiös bedingten Schächtens von Tieren[6] bis hin zum Verstecken von Fahnenflüchtigen, zu Sitzblockaden durch

---

[1] Siehe die Rspr. zur Wehrdienstverweigerung: BVerfGE 12, 45; 28, 243; 32, 40; 48, 127; BVerwGE 7, 242; 23, 98; und weiterhin BVerfGE 69, 1; 80, 354; BVerwGE 65, 57; 74, 327. Zur Ersatzdienstverweigerung: BVerfGE 19, 135; 23, 127; und aus jüngerer Zeit BVerfG NJW 1983, 1600; 1984, 1675. Übersicht über die strafrechtliche Judikatur und Literatur bei *Hirsch*, in: Leipziger Kommentar zum StGB (LK), 11. Aufl. 1994, Vor § 32 Rnr. 221 ff.; Nachweise zum öffentlichrechtlichen Schrifttum bei *Herzog*, in: Maunz/Dürig, GG, 27. Lfg. 1988, Art. 4 vor Rnr. 1.

[2] Zur Pflichtimpfung: *Welzel*, DJT-Festschr. I, 1960, S. 383, 396, 398; zur Bluttransfusion: OLG Hamm NJW 1968, 212 und dazu *Ulsenheimer*, FamRZ 1968, 568.

[3] Hierzu *Arndt*, NJW 1965, 432; *K. Peters*, Engisch-Festschr., 1969, S. 468 ff.; *v. Burski*, Die Zeugen Jehovas, die Gewissensfreiheit und das Strafrecht, Diss. Freiburg 1970.

[4] Art. 2 des 5. StrRG (BGBl. I, 1297). Nach BVerwGE 89, 260, 262 ist die Weigerung des Arztes verfassungsrechtlich durch Art. 4 Abs. 1 GG geschützt, während BVerfGE 88, 203, 294 den verfassungsrechtlichen Schutz aus dem durch das ärztliche Berufsbild geprägten Persönlichkeitsrecht (Art. 2 Abs. 1 i.V.m. Art. 12 Abs. 1 GG) herleitet.

[5] Vgl. BVerfGE 33, 23 und die daraufhin erfolgte Einführung der eidesgleichen Bekräftigung (§ 66d StPO).

[6] Vgl. den vom AG Balingen NJW 1982, 1006 entschiedenen Fall und die zwischenzeitlich erfolgte Regelung in § 4a Abs. 2 Nr. 2 TierschutzG hinsichtlich der Ordnungswidrigkeit gemäß § 18 Abs. 1 Nr. 6 TierschutzG.

Anhänger der Friedensbewegung, dem Beschädigen von Eisenbahnanlagen aus Protest gegen Atommülltransporte und politisch-weltanschaulich motivierten Hausbesetzungen. Und wirft man einen Blick über die Grenzen, so beanspruchen auch Fälle wie die von Sekten begangenen Tötungen, die sich in jüngster Zeit in Japan und der Schweiz ereignet haben, und die Ermordung des israelischen Premierministers Rabin durch einen religiösen Fanatiker unser Interesse.

Allen genannten Sachverhalten ist gemeinsam, daß die Täter durch eine Überzeugung, sei es religiöser oder quasi-religiöser, sei es allgemein sittlicher oder weltanschaulich-politischer Natur, motiviert worden sind. Seit *Radbruch* spricht man von Überzeugungstätern[7]. Im Radbruch'schen StGB-Entwurf von 1922 und auch im Entwurf 1925 definierte man sie als Täter, deren ausschlaggebender Beweggrund darin besteht, daß sie sich zu der Tat aufgrund ihrer sittlichen, religiösen oder politischen Überzeugung für verpflichtet halten[8]. Ging man in der Diskussion der 20er Jahre noch davon aus, daß für den Gesamtbereich eine einheitliche strafrechtliche Lösung denkbar sei – wobei man an die Sonderstrafe der nicht entehrenden Einschließung dachte[9] –, hat sich seit den 50er Jahren, vor allem im Hinblick auf Art. 4 GG, die Debatte auf den Gewissenstäter konzentriert. Es setzte sich die Auffassung durch, daß der Gewissenstäter eine von den anderen Fällen deutlich zu trennende Problematik bildet[10]. Dies führte dazu, daß der

---

[7] Vgl. *Radbruch*, Einführung in die Rechtswissenschaft, 3./4. Aufl. 1919, S. 93 f.; *ders.*, ZStW 44 (1924), 34 ff. („Überzeugungsverbrecher"). Die Diskussion über die Behandlung solcher Täter ist allerdings schon alt; dazu *Heinitz*, ZStW 78 (1966), 615 f.

[8] § 71 E 1922 lautete: „An Stelle von strengem Gefängnis tritt Einschließung von gleicher Dauer, wenn der ausschlaggebende Beweggrund des Täters darin bestand, daß er sich zu der Tat auf Grund seiner sittlichen, religiösen oder politischen Überzeugung für verpflichtet hielt." Zur näheren Begründung siehe *Radbruch*, ZStW 44 (1924), 34, 35 ff. Im wesentlichen unverändert war § 71 E 1925; und § 72 des E 1927 und des E 1930 hatte den Wortlaut: „An Stelle der angedrohten Zuchthaus- oder Gefängnisstrafe tritt Einschließung von gleicher Dauer, wenn der Täter aus achtenswerten Beweggründen gehandelt hat und die Tat nicht schon wegen der Art und Weise ihrer Ausführung oder wegen der vom Täter verschuldeten Folgen besonders verwerflich ist".

[9] Vgl. die in Fn. 8 genannten Vorschriften der damaligen Entwürfe. Schon von Anbeginn gab es im RStGB einen § 20, der bestimmte: „Wo das Gesetz die Wahl zwischen Zuchthaus und Festungshaft gestattet, darf auf Zuchthaus nur dann erkannt werden, wenn festgestellt wird, daß die strafbar befundene Handlung einer ehrlosen Gesinnung entsprungen ist." Ging es dabei nur um wenige politische Straftaten, die fahrlässige unzulässige Vollstreckung einer Strafe, Wehrstraftaten und den später abgeschafften Tatbestand des Zweikampfs, so sind im E 1922 und in den folgenden Entwürfen sämtliche Tatbestände einbezogen. Eine Übersicht über die während der 20er Jahre geführte wissenschaftliche Diskussion gibt *Lang-Hinrichsen*, JZ 1966, 153, 154 ff.

[10] Die Verschiedenheit ist insbesondere von *Welzel*, *K. Peters* und *Greffenius* herausgearbeitet worden. Siehe *Welzel*, in: Niederschr. Große Strafrechtskomm., Bd. III,

Begriff „Überzeugungstäter" in den letzten Jahrzehnten oft von vornherein nur im Sinne von „Gewissenstäter" verstanden worden ist[11]. Inzwischen zeigt sich wieder eine umfassendere, gleichzeitig aber differenzierende Betrachtung: nämlich zwischen Gewissenstätern, Überzeugungstätern im engeren Sinne und neuerdings drittens: Tätern zivilen Ungehorsams[12]. Während die Gewissenstaten durch den inneren ethischen Konflikt zwischen „gut" und „böse" geprägt sind, handelt es sich bei den Überzeugungstaten im engeren Verständnis nur um die subjektive Alternative „richtig" oder „falsch"[13]. Diese grundsätzliche Unterscheidung läßt sich nicht unter Hinweis auf im Einzelfall mögliche Abgrenzungsprobleme in Frage stellen. Ihre Notwendigkeit ergibt sich vielmehr aus der in Art. 4 GG grundrechtlich hervorgehobenen Gewissensfreiheit und schon unabhängig davon aus der sachlichen Besonderheit des durch eine jahrhundertelange Entwicklung geprägten Gewissensbegriffs.

Bei der heute sehr auffälligen dritten Gruppe, den Fällen zivilen Ungehorsams, besteht die Eigenheit darin, daß der durch eine politisch-ethische Überzeugung motivierte Täter sich keiner derartigen Alternative gegenübersieht, sondern daß es ihm – regelmäßig zusammen mit anderen Personen – darum geht, durch provokante leichtere Rechtsverletzungen öffentliche Aufmerksamkeit für einen Problembereich zu wecken, also Signalhandlungen zur geistigen Beeinflussung der Mehrheit vorzunehmen[14].

S. 61 f.; *ders.*, DJT-Festschr. Bd. I, S. 399; *K. Peters*, H. Mayer-Festschr., 1966, S. 257, 263 f.; *Greffenius*, Täter aus Überzeugung, 1969, S. 58 ff.; ablehnend aber *Heinitz*, ZStW 78 (1966), 615; *Bockelmann*, GA 1976, 314, 317 f.; zweifelnd *Lang-Hinrichsen*, JZ 1966, 153, 157.

[11] Siehe BGHSt. 8, 162, 165; OLG Frankfurt StV 1989, 107, 108; *Baumann/Weber/Mitsch*, Strafrecht, Allg. Teil, 10. Aufl. 1995, S. 391 f.; *Jescheck/Weigend*, Lehrbuch des Strafrechts, Allg. Teil, 5. Aufl. 1996, S. 414 f.; *Maurach/Zipf*, Strafrecht, Allg. Teil, Teilbd. 1, 8. Aufl. 1992, S. 470; *Schmidhäuser*, Strafrecht, Allg. Teil, StudB, 2. Aufl. 1984, S. 46; so ebenfalls noch *Hirsch*, in: LK, Vor § 32 Rnr. 221. Auch heißt es bei *Welzel*, Das Deutsche Strafrecht, 11. Aufl. 1969, S. 591 und *Stratenwerth*, Strafrecht, Allg. Teil I, 3. Aufl. 1981, S. 338: „Überzeugungstäter siehe Gewissenstäter".

[12] Siehe im Anschluß an die grundsätzlichen Erwägungen von *Welzel*, *K. Peters* und *Greffenius* (Fn. 10): *Bopp*, Der Gewissenstäter und das Grundrecht der Gewissensfreiheit, 1974, S. 22 ff.; *Ebert*, Der Überzeugungstäter in der neueren Rechtsentwicklung, 1975, S. 59 f., 74 ff.; *Lenckner*, in: Schönke/Schröder, StGB, 24. Aufl. 1991, Vor § 32 Rnr. 118 f.; *Roxin*, Maihofer-Festschr., 1988, S. 389 ff.; *ders.*, Strafrecht, Allg. Teil, Bd. I, 2. Aufl. 1994, § 22 Rnr. 103. Bei *Jakobs*, Strafrecht, Allg. Teil, 2. Aufl. 1991, 20/21 ff., findet sich eine Differenzierung zwischen „harten" (d. h. Gewissenstätern) und „weichen" Überzeugungstätern. Zur dritten Gruppe, dem zivilen Ungehorsam, siehe BVerfGE 73, 206, 250 ff. sowie die Literaturübersicht Fn. 90.

[13] Vgl. zur Definition des Gewissensentscheids BVerfGE 12, 45, 55 und die weiteren Nachw. unten Fn. 37 und 38. Zur Unterscheidung von den Fällen bloßer subjektiver Alternative von „richtig" und „falsch" näher *K. Peters*, H. Mayer-Festschr., S. 272 f.; *Greffenius* (Fn. 10), S. 63 ff., 60 Anm. 102; *Ebert* (Fn. 12), S. 75.

[14] BVerfGE 73, 206, 250 ff. und die Nachw. Fn. 90.

Außerhalb unseres Themas stehen dagegen diejenigen Fälle, in denen der Täter eine rechtswidrige Überzeugungstat fälschlich als dem geltenden Recht entsprechend ansieht. Dann nämlich haben wir es schon mit einem Verbotsirrtum zu tun, und es kommt die dafür einschlägige Schuldregelung zur Anwendung. Die gelegentlich in der Literatur vertretene Auffassung, daß sich der Überzeugungstäter stets im Verbotsirrtum befinde[15], ist offensichtlich unzutreffend; denn das Eigentümliche der Überzeugungstäter besteht gerade darin, daß sie sich aufgrund ihrer Überzeugung innerlich dazu veranlaßt sehen, sich bewußt in Widerspruch zu einer geltenden Rechtsnorm zu setzen[16].

Im folgenden hat sich unser Augenmerk an erster Stelle auf den Gewissenstäter zu richten. Aber auch die Behandlung des zivilen Ungehorsams ist kontrovers und näher zu erörtern.

II. Gewissenstäter

1. Meinungsstand im Strafrecht

Nach der im Strafrecht herrschenden Meinung verhält sich der einen Straftatbestand verwirklichende Gewissenstäter rechtswidrig und schuldhaft. Der Gewissenskonflikt soll nur mildernd im Rahmen der Strafzumessung berücksichtigt werden können[17]. Für die Rechtswidrigkeit wird angeführt, daß der einzelne Bürger sich nicht selbst von den durch die Mehrheit festgelegten Normen der Rechtsordnung dispensieren dürfe. Andernfalls gäbe sich die Rechtsordnung als allgemein verbindliche Ordnung auf[18]. Auch Entschuldigung scheide aus; denn die Schuld bestehe hier darin, daß der Täter bewußt an die Stelle der in der Gesellschaft geltenden rechtlichen Ordnung seine eigenen Wertmaßstäbe setze[19]. Es sei nur möglich, den Gewissenskonflikt des einzelnen dadurch zu berücksichtigen, daß man bei der Bemessung der zu verhängenden Strafe Rabatt gewähre.

---

[15] *Armin Kaufmann*, ZStW 80 (1968), 34, 40 f.

[16] *Gallas*, Mezger-Festschr., 1954, S. 311, 319 Anm. 3; *Hirsch*, in: LK, Vor § 32 Rnr. 223; siehe auch BGHSt. 4, 1, 3.

[17] BGHSt. 8, 162, 165; OLG Frankfurt StV 1989, 107, 108; *Gallas*, Mezger-Festschr., S. 319; *Baumann/Weber/Mitsch*, Allg. Teil, S. 36 f., *Maurach/Zipf*, Teilbd. 1, S. 470; *Schmidhäuser*, Allg. Teil, StudB, S. 190 f., 255 (jedenfalls bei Tun); grundsätzlich auch *Jescheck/Weigend*, Allg. Teil, S. 415 („weder gerechtfertigt noch im Regelfall entschuldigt"). Weitere Nachw. zu Rspr. und Schrifttum bei *Hirsch*, in: LK, Vor § 32 Rnr. 221 und 224.

[18] *Welzel*, DJT-Festschr. Bd. I, S. 397 f.; *Ebert* (Fn. 12), S. 46 f.

[19] BGHSt. 2, 194, 208; 4, 1, 8.

Die herrschende Meinung ist häufig kritisiert worden. Eine Gegenauffassung sagt, daß die Gewissensfreiheit in Art. 4 GG grundrechtlich garantiert werde und deshalb der Gewissensentscheid Vorrang vor staatlichen Normbefehlen beanspruche, also schon keine Rechtswidrigkeit vorliege[20]. Eine andere Ansicht hält zwar das Unrecht für erfüllt, betrachtet aber wegen der seelischen Konfliktlage die Schuld als nicht gegeben[21]. Und noch die Debatte der Nachkriegszeit kreiste im Anschluß an das schon erwähnte Lösungskonzept der 20er Jahre um die Frage einer nicht ehrenrührigen strafrechtlichen Sanktion – ein Lösungsweg, der mit der Einführung der Einheitsfreiheitsstrafe und des damit verbundenen Wandels des Strafbegriffs aber aufgegeben worden ist[22].

2. Rechtfertigungsfrage und verfassungsrechtlich gebotene Abstufung

a) Als erstes bedarf der Erörterung, ob Art. 4 GG nicht bereits einen Bereich absteckt, in dem Verhaltensweisen zwar einen Straftatbestand erfüllen, aber gleichwohl wegen der Gewissensfreiheit *gerechtfertigt*, also zulässig sind. Es ist von großer rechtlich-sozialer Tragweite, ob ein Verhalten durch die Rechtsordnung gestattet ist und damit auch verwaltungs- oder zivilrechtlich nicht dagegen vorgegangen werden kann oder ob lediglich die Strafbarkeit betroffen ist. Betrachtet man die bisherige Gewissenstäterdiskussion, gewinnt man den Eindruck, daß die Strafrechtler oft zu einseitig auf rein strafrechtliche Aspekte fixiert sind, während die Verfassungsrecht-

---

[20] *K. Peters,* H. Mayer-Festschr., S. 276 (siehe aber auch *dens.,* Stree/Wessels-Festschr., 1993, S. 3, 9: (nur „Strafbefreiungsgrund"); *v. Burski* (Fn. 2), S. 88; *Ranft,* Schwinge-Festschr., 1973, S. 111, 115 ff.; *Gödau,* Die Rechtsfigur des Überzeugungstäters, 1975, S. 290; *Engelhard,* FamRZ 1985, 266, 269.

[21] *Müller-Dietz,* K. Peters-Festschr., 1974, S. 91, 107 f.; *Rudolphi,* Welzel-Festschr., 1974, S. 605, 630 f., 633 (in engen Grenzen des Art. 4 GG); *Bopp* (Fn. 12), S. 249 (innerhalb enger Voraussetzungen); *Ebert* (Fn. 12), S. 66 f., 71 (soweit Art. 4 GG seine Wirkung entfaltet); *Jakobs,* Allg. Teil, 20/22 ff. (bei Erklärbarkeit des Konflikts „am Täter vorbei"); *Kühl,* Strafrecht, Allg. Teil, § 12 Rnr. 116. Siehe auch *Roxin,* Maihofer-Festschr., S. 409 f.; *ders.,* Allg. Teil, § 22 Rnr. 122 ff., der einen auf fehlendes Präventionsbedürfnis gestützten Fall ausgeschlossener strafrechtlicher „Verantwortlichkeit" annimmt, der einem „Entscheidungsgrund im Sinne der herkömmlichen Terminologie" entsprechen soll.
Ferner siehe *Welzel,* Strafrecht, S. 177, der schrieb, dem Gewissenstäter könne seine Entscheidung „nicht als schuldhaftes Versagen gegenüber dem Recht vorgeworfen werden", aber daraus nur die Forderung nach Schaffung einer nicht diskriminierenden strafrechtlichen Unrechtsfolge ableitete.

[22] Über den Verlauf der Entwicklung näher *Ebert* (Fn. 12), S. 11 ff; *J. Sproß,* Unrechts- und Strafbegründung bei den Überzeugungs- und Gewissenstätern, 1992, S. 11 ff.

ler umgekehrt dazu neigen, isoliert auf die Frage der Verfassungskonformität zu blicken und die näheren Auswirkungen für die nachgeordneten Bereiche der Rechtsordnung zu vernachlässigen.

b) Hinsichtlich der Auswirkungen des Art. 4 GG auf das Strafrecht hat man zunächst grundsätzlich zu unterscheiden zwischen dem Fall eines Strafgesetzes, das auf eine Einschränkung der Gewissensfreiheit, etwa ihres Unterfalls der religiösen Gewissensfreiheit[23], gerichtet ist, einerseits und allgemeinen Strafgesetzen, bei denen sich nur in concreto ein Gewissenskonflikt einzelner ergeben kann, andererseits. Für den ersten Fall wäre ein theoretisches Beispiel eine Vorschrift, die den Zeugen Jehovas bei Strafe untersagt, sich öffentlich zu ihrem Glauben zu bekennen. Hier ginge es bereits um die Verfassungswidrigkeit des ganzen Gesetzes, so daß schon gar kein rechtsgültiger Straftatbestand existiert, der von einem Täter verwirklicht werden könnte. Ebenso verhielte es sich, wenn eine verfassungskonforme Auslegung von vornherein zur Einschränkung einer Rechtsnorm führt.

Für die Gewissenstäterproblematik interessieren mithin nur die Fälle, in denen ein einzelner in einen konkreten Gewissenskonflikt mit einem geltenden *allgemeinen* Strafgesetz kommt. Hier wäre allerdings der Schutzbereich des Art. 4 GG gar nicht berührt, wenn dieser überhaupt nur das forum internum, also das innere Gewissen, nicht aber das forum externum, nämlich die Gewissensbetätigung, zum Gegenstand hätte. Es hat sich jedoch inzwischen die weitere Auffassung durchgesetzt[24], weil – wie *Böckenförde* es ausgedrückt hat – andernfalls Art. 4 GG auf ein Maß reduziert würde, „das auch jeder Diktator gewähren kann, sofern er sich nur Orwell'scher Methoden enthält"[25]. Ebenso hat sich die Auffassung durchgesetzt, daß Art. 4 GG seine Grenze nicht an den allgemeinen Gesetzen findet, denn dies würde darauf hinauslaufen, daß man das Grundrecht entgegen dem eindeutigen Wortlaut mit einem Gesetzesvorbehalt ausstatten würde. Es handelt sich eben um eines derjenigen Grundrechte, die ausschließlich verfas-

---

[23] Die in der Glaubensfreiheit enthaltene religiöse Gewissensfreiheit bildet zugleich einen Unterfall der allgemeinen Gewissensfreiheit. Siehe zum Verhältnis von Glaubens- und Gewissensfreiheit: *Bäumlin*, VVDStRL 28 (1970), S. 3, 15; *Böckenförde*, VVDStRL 28 (1970), S. 66, 68 f.; *Herzog*, in: Maunz/Dürig, Art. 4 Rnr. 122 ff.; *Rudolphi*, Welzel-Festschr., S. 606; *K. Peters*, Stree/Wessels-Festschr., 1993, S. 3, 5 f.

[24] BVerfGE 12, 44, 54 f.; 24, 236, 245; 32, 98, 106; 41, 29, 49; 48, 127, 163; 78, 391, 395; *Bethge*, in: Isensee/Kirchhof, Hdb. des Staatsrechts, Bd. VI, § 137 Rnr. 14; *Herzog*, in: Maunz/Dürig, Rnr. 129 ff., 135: *Hesse*, Verfassungsrecht, 20. Aufl. 1995, Rnr. 383; *Jarass/Pieroth*, GG, 3. Aufl. 1995, Art. 4 Rnr. 42; *v. Münch/Kunig*, GG, Bd. 1, 4. Aufl. 1992, Art. 4 Rnr. 27; jeweils m. w. N.; zurückhaltend aber *Zippelius*, in: Bonner Kommentar (BK), 75. Lfg. 1995, Art. 4 Rnr. 44 f., 47.

[25] *Böckenförde*, VVDStRL 28 (1970), S. 33, 51.

sungsimmanenten Schranken unterliegen[26]. Dementsprechend ist heute herrschende Meinung, daß Art. 4 GG auch für ein straftatbestandsmäßiges und ebenso für ein den Tatbestand einer Ordnungswidrigkeit verwirklichendes Verhalten bedeutsam werden kann. Alle unter den Gewissensbegriff des Art. 4 GG fallenden Gewissensbetätigungen, die den Tatbestand einer Straftat oder Ordnungswidrigkeit erfüllen, sind vom Grundrecht umfaßt, sofern nicht durch die betreffende Straf- oder Ordnungswidrigkeitenvorschrift ein anderes Verfassungsgut geschützt ist und nicht die Abwägung einen Vorrang dieses gegenüberstehenden Verfassungsgutes ergibt[27].

Von Art. 4 GG können deshalb beispielsweise gedeckt sein: aus Gewissensgründen erfolgende Verstöße gegen die Impfpflicht[28] oder die Schulpflicht (etwa bezüglich der Teilnahme islamischer Mädchen am Sportunterricht[29]), aber auch die gewissensbedingte Verweigerung eines militärischen Befehls[30] oder die aus Gewissensnot begangene Verletzung des Dienstgeheimnisses – gleichgültig, ob die Vorschriften als Straftatbestände oder als Ordnungswidrigkeiten ausgestaltet sind.

Das verfassungsrechtliche Schrifttum geht ganz überwiegend davon aus, daß durch das Grundrecht als subjektives Recht die Rechtmäßigkeit der von ihm gedeckten Gewissensbetätigung ausgesprochen wird[31]. Im strafrechtli-

---

[26] So die h. M.; vgl. BVerfGE 32, 98, 108; 33, 23, 29; 41, 29, 50 f.; 44, 50, 67; 52, 223, 246 f.; BVerfG NJW 1989, 3269 f.; *Bethge*, in: Isensee/Kirchhof, Bd. VI, § 137 Rnr. 23 ff.; *Jarass/Pieroth*, Art. 4 Rnr. 19, 46; *v. Münch/Kunig*, Art. 4 Rnr. 53 f.; anders *Herzog*, in: Maunz/Dürig, Art. 4 Rnr. 114, 148 (für Schrankentrias des Art. 2 Abs. 1 GG als Schranke des Art. 4 Abs. 1 GG).

[27] BVerfGE 32, 98, 108; *Bopp* (Fn. 12), S. 156 f.; *Ebert* (Fn. 12), S. 47; *Roxin*, Maihofer-Festschr., S. 395 f. Zur Abwägung bei verfassungsimmanenten Schranken vgl. auch *Stern*, bei: Isensee/Kirchhof, Hdb. des Staatsrechts, Bd. V, 1992, § 109 Rnr. 82.

[28] *Herzog*, in: Maunz/Dürig, Art. 4 Rnr. 157 (Gewissensentscheidung durch Art. 4 GG gedeckt, solange keine ernstliche Gefährdung der Bevölkerung zu befürchten ist.). Das Problem hat allerdings dadurch an Bedeutung verloren, daß es in Deutschland seit der 1984 erfolgten Aufhebung des Gesetzes über die Pockenschutzimpfung keine Pflichtimpfungen mehr gibt. Es kann aber wieder aktuell werden, wenn von der in § 14 BSeuchG enthaltenen Ermächtigung Gebrauch gemacht wird, unter den dort genannten Voraussetzungen durch RechtsVO Schutzimpfungen für gesundheitlich bedrohte Teile der Bevölkerung anzuordnen.

[29] BVerwG DVBl. 1994, 163; OVG Lüneburg NVwZ 1992, 79; OVG Münster NVwZ 1992, 74; speziell zum Schwimmunterricht: VGH München NVwZ 1987, 706; VGH Kassel NVwZ 1988, 951.

[30] BVerwGE 83, 358, 360 f.

[31] Vgl. insbesondere *Böckenförde*, VVDStRL 28 (1970), 37, 64 („niemand soll – innerhalb der dargelegten Grenzen [des Art. 4] – von der öffentlichen hoheitlich handelnden Gewalt zu einem Verhalten ...gezwungen werden, das dem Gebot des eigenen Gewissens widerspricht"); *Hesse*, Verfassungsrecht, Rnr. 381 („Anspruch auf Schutz vor Störungen" durch den Staat); *Schmidt-Bleibtreu/Klein*, GG, 8. Aufl. 1995, Art. 4 Rnr. 8a („von staatlicher Einflußnahme freier Rechtsraum"); *Bopp* (Fn. 12), S. 175 (Wo der einzelne bei der Betätigung seines Gewissens „die Grenzen der Freiheitsgarantie nicht überschreitet, handelt er ‚im Recht'. Weder darf er polizeilich daran gehindert werden noch darf die vom Gewissen gebotene Haltung bzw. Handlung ... als Unrecht qualifiziert werden ...).

chen Schrifttum wird dagegen, wie schon aufgezeigt, allenfalls von einer Entschuldigung, zumeist aber erst von einem Einfluß auf die Rechtsfolgen der Straftat ausgegangen.

Daß ein Grundrecht als subjektives Recht, das zudem noch in der Weise formuliert ist, daß die Freiheit des Gewissens unverletzlich ist, nicht zumindest grundsätzlich die Zulässigkeit des sich innerhalb des garantierten Freiraums bewegenden Verhaltens bedeuten soll, ist jedoch ein Widerspruch in sich. Soweit das Grundrecht nicht an seine verfassungsimmanenten Schranken stößt, schließt es jeglichen Eingriff in seinen Schutzbereich durch den Staat aus, nicht nur durch das Strafrecht, sondern auch durch das Verwaltungsrecht (hier namentlich das Polizeirecht) und durch das Zivilrecht. Art. 4 GG schützt einen Teil der bürgerlichen Freiheitssphäre, wobei der Schutz gesellschaftlicher Minderheiten eine große Rolle spielt. Ein jüdischer Bürger, der glaubensbedingt ein Tier schächtet, hat gemäß Art. 4 GG nicht nur unbehelligt von den Sanktionen des Straf- oder Ordnungswidrigkeitenrechts zu bleiben[32], sondern auch die Polizei hat nicht gegen ihn einzuschreiten - was jetzt das Tierschutzgesetz im wesentlichen berücksichtigt[33]. Erst eine zweite Ebene des Grundrechtsschutzes stellt es dar, daß das Grundrecht ferner noch verfassungsrechtlichen Schutz gegen ein trotz Überschreitung der verfassungsimmanenten Schranken und deshalb vorliegender Rechtswidrigkeit der Gewissenstat unverhältnismäßiges Eingreifen des Strafrechts bieten kann[34].

Das Bedenken der herrschenden Meinung im Strafrecht, daß eine Rechtfertigung von Gewissenstaten das Mehrheitsprinzip der Demokratie unter-

---

[32] AG Balingen NJW 1983, 1006, 1007 (das aber nicht auf Art. 4 abstellt); *v. Campenhausen*, Hdb. des Staatsrechts, 2. Aufl. 1983, § 136 Rnr. 71; *v. Münch*, Gewissen und Freiheit Nr. 21 (1983), 23 ff.

[33] Siehe oben Fn. 6. Allerdings meint BVerwG NVwZ 1996, 61, 62 f., daß die in der zweiten Alternative von § 4a Abs. 2 Nr. 2 TierschutzG getroffene Ausnahmeregelung kein notwendiger Ausfluß der grundgesetzlich gewährleisteten Religionsfreiheit sei, weshalb die Beschränkung auf Fälle, in denen zwingende Vorschriften einer Religionsgemeinschaft den Genuß von Fleisch nicht geschächteter Tiere verbieten, nicht den Schutzbereich des Art. 4 GG berührten. Es heißt, die betroffenen Personen „können sowohl auf Nahrungsmittel pflanzlichen Ursprungs und auf Fisch ausweichen als auch auf Fleischimporte zurückgreifen, die aus Ländern ohne Schächtungsverbot stammen. Zwar mag (?) Fleisch heute ein in unserer Gesellschaft allgemein übliches Nahrungsmittel sein. Der Verzicht auf dieses Nahrungsmittel stellt jedoch keine unzumutbare Beschränkung der persönlichen Entfaltungsmöglichkeiten dar." Demgegenüber ist jedoch zu betonen, daß einer religiösen Minderheit, so der jüdischen, *verfassungsrechtlich* gewährleistet ist, sich unter Einhaltung ihrer religiösen Vorschriften der menschlichen Spezies gemäß ernähren zu können. Bei seinen vegetarischen Empfehlungen verkennt das Gericht das Gewicht des in Art. 4 GG verankerten Minderheitenschutzes und steigert den Rang des Tierschutzes ins rechtlich Befremdliche.

[34] BVerfGE 32, 98, 108 ff. spricht von „Ausstrahlungswirkung des Grundrechts aus Art. 4 Abs. 1 GG ... in der Weise ..., daß sie Art und Maß der zulässigen staatlichen Sank-

miniere und die Rechtsordnung zur Disposition des einzelnen stelle[35], zieht demgegenüber nicht. Es beruht darauf, daß man innerhalb der Gewissenstaten zu wenig differenziert, also die Verschiedenheiten der Fallgruppen vernachlässigt und nach einer einheitlichen Lösung für alle Bereiche strebt. Auch ließe sich nicht einwenden, es sei widersprüchlich, einerseits in bezug auf den Gewissenstäter von bewußtem Hinwegsetzen über eine geltende Rechtsnorm zu sprechen, andererseits gleichwohl Rechtfertigung anzunehmen. Es handelt sich vielmehr um einen verfassungsrechtlich gewährleisteten Bereich, in dem die Rechtsordnung den von einer allgemeinen Norm abweichenden individuellen Gewissensentscheid respektiert. Hier tritt die allgemeine Norm in der konkreten Situation ausnahmsweise hinter den Gewissensbefehl zurück – was übrigens gleichzeitig besagt, daß dieser Bereich nur ein *begrenzter* sein kann.

Während die im Strafrecht vorherrschende Auffassung in der Ablehnung jeglicher Rechtfertigung zu pauschal verfährt, zeigt sich umgekehrt im verfassungsrechtlichen Schrifttum die Gefahr, daß der Bereich rechtmäßigen Verhaltens zu weit erstreckt wird, indem man – möglicherweise durch die inflatorische Entwicklung bei der Wehrdienstverweigerung beeinflußt – den Gewissensbegriff überdehnt und ihn zudem bei der Feststellung der verfassungsimmanenten Schranken überbewertet[36].

c) Will man sich ein Bild von dem gemäß Art. 4 GG als gerechtfertigt und damit schlechthin als rechtmäßig einzustufenden Bereich tatbestandlich straf- oder ordnungswidrigkeitsrechtlichen Verhaltens machen, so ist folgendes zu beachten:

---

tionen beeinflussen kann" (darauf nimmt auch BVerfGE 69, 1, 34 bezug), und in BVerfGE 23, 127 wird geprüft, ob und inwieweit bei der Bestrafung eines gewissensbedingten Verhaltens, das nicht aufgrund von Art. 4 GG berechtigt war (S. 127, 132), aufgrund des Rechtsstaatsprinzips ein „Verstoß gegen die Grundsätze der Verhältnismäßigkeit und des Übermaßverbots" vorliegt (S. 133 f. m. N.). Näher zu dieser sekundären Ebene des Grundrechtsschutzes: *Dürig*, Art. 103 III GG und die Zeugen Jehovas, JZ 1967, 426, 430; *Böckenförde*, VVDStRL 28 (1970), S. 60; *Stern* (Fn. 27), § 109 Rnr. 84; *Bopp* (Fn. 12), S. 182 ff. Ob sie sich nur daraus ableitet, daß Art. 4 GG objektivrechtlich „zugleich eine wertentscheidende Grundsatznorm" darstellt (BVerfGE 21, 362, 371 f.; 23, 127, 134) oder ob auch insoweit ein subjektives Recht anzunehmen ist (so etwa *Bopp*, S. 186), dürfte wohl im letzteren Sinne zu beantworten sein.

[35] Vgl. die Nachw. oben Fn. 17, 18 und 21. *Ebert* (Fn. 12), S. 49 führt außerdem zu weitgehend an, Rechtfertigung würde bedeuten, daß damit von der Rechtsordnung zugleich der Inhalt des jeweiligen Gewissensgebots als richtig akzeptiert wäre.

[36] Hierbei scheint auch eine durch unterschiedliche rechtliche Fragestellungen bedingte Einseitigkeit der Betrachtung eine Rolle zu spielen. Im Verfassungsrecht ist zu entscheiden, ob jemand in seinen Grundrechten verletzt ist, also ob ein Normbefehl einem Grundrechtsträger gegenüber grundrechtswidrig ist. Dagegen geht es im Deliktsrecht um die Entscheidung, ob ein gegen die Interessen Dritter gerichtetes Verhalten ausnahmsweise aufgrund eines Grundrechts gerechtfertigt, also nicht rechtswidrig ist. Beide Fragen lassen sich in einer einheitlichen Rechtsordnung aber nicht gedanklich isoliert voneinander sehen.

Zunächst einmal ist erforderlich, daß man sich überhaupt über die Definition des Gewissensbegriffs klar ist. Das Bundesverfassungsgericht hat den Gewissensentscheid definiert als jede ernste sittliche, an den Kategorien von Gut und Böse orientierte Entscheidung, die der einzelne als für sich bindend und unbedingt verpflichtend innerlich erfährt, so daß er gegen sie nicht ohne ernste Gewissensnot handeln könnte[37]. Bei dieser anerkannten Definition[38] ist zu beachten, daß sie sich nicht auf Inhalte beschränkt, die sich im Rahmen von Wertvorstellungen des abendländischen Kulturkreises bewegen[39]. Auch das Gewissen eines Moslems, Hindu, Bahai oder Angehörigen einer nichtchristlichen Sekte gehört zum Schutzbereich. Andernfalls würde man entgegen dem Wortlaut des Art. 4 GG Gewissensentscheidungen solcher Personen schon den Gewissensbezug versagen, damit den diesem Grundrecht weithin eigentümlichen Minderheitenschutz ignorieren[40] und die Rechtspflege mit inhaltlichen Bewertungen überfordern. Dies bedeutet nicht, daß Mädchenbeschneidungen oder Witwenverbrennungen dann durch Art. 4 GG gedeckt sein könnten. Vielmehr werden derartige Fälle dadurch ausgeschieden, daß das Betroffensein anderer Verfassungsgüter, hier der körperlichen Unversehrtheit und des Lebens, bei den verfassungsimmanenten Schranken des Grundrechts zu berücksichtigen sind. Indem bei den verfassungsimmanenten Schranken die Wertordnung der Verfassung in ihrer Gesamtheit zur Geltung gelangt[41], wird auf solche Weise der Bereich der Rechtmäßigkeit gewissensbedingter straftatbestandsmäßiger Verhaltensweisen eingegrenzt.

Auf was es hierbei ankommt, ist in einem zentralen Punkt schon bei den vorerwähnten Beispielen deutlich geworden. Gewissensbedingte tatbestandsmäßige Verhaltensweisen, die sich gegen andere Verfassungsgüter richten, denen bei einer Abwägung ein vorrangiger Schutz zuzusprechen ist, sind nicht durch Art. 4 GG gerechtfertigt. Das wird vor allem bei strafrechtlich geschützten Individualrechtsgütern bedeutsam, da sie so gut wie durchweg auch grundrechtlich geschützt sind – bis hin zum Eigentum. Be-

---

[37] BVerfGE 12, 45, 54 f.; 48, 127, 173. Zu eng früher BVerwGE 7, 242, 247, das zusätzlich die Gefahr der Beeinträchtigung, Zerbrechung oder Zerstörung der sittlichen Persönlichkeit des Betroffenen forderte.

[38] Vgl. *Herzog,* in: Maunz/Dürig, Art. 4 Rnr. 127; *Jarass/Pieroth,* Art. 4 Rnr. 41; *v. Münch/Kunig,* Art. 4 Rnr. 25; *Starck,* in: v. Mangoldt/Klein, Art. 4 Rnr. 36; *Zippelius,* in: BK, Art. 4 Rnr. 34.

[39] BVerfGE 41, 29, 50 (bzgl. Glaubensfreiheit); *Herzog,* in: Maunz/Dürig, Art. 4 Rnr. 123; *Zippelius,* in: BK, Art. 4 Rnr. 30, 35. Anders früher BVerfGE 12, 1, 4; BVerwGE 7, 242, 246.

[40] Zum Schutz von Minderheiten durch Art. 4 GG: *Starck,* in: v. Mangoldt/Klein, Art. 4 Rnr. 36; *Preuß,* DÖV 1984, 757; *Eckertz,* Der Staat, Bd. 25, 1986, S. 251.

[41] BVerfGE 28, 248, 260 f. (zu Art. 4 Abs. 3 GG); 30, 173, 191 ff. (zu Art. 5 Abs. 3 GG); 32, 98, 107 (zu Art. 4 Abs. 1 und 2 GG).

steht das Verhalten des Gewissenstäters in einem Tun, so ist eigentlich un-
mittelbar deutlich, daß kein Bürger es sich gefallen zu lassen braucht, daß
jemand den eigenen Gewissenskonflikt durch einen Angriff auf das Rechts-
gut eines anderen, also zu fremden Lasten austrägt. Die aus der Rechtfertigung eines Verhaltens resultierende Duldungspflicht des Betroffenen ließe
sich weder bei Eingriffen in Leib oder Leben noch bei Eingriffen in das Eigentum legitimieren. Wer durch sein Gewissen dazu veranlaßt wird, ein
atheistisches Buch zu verbrennen, um die Seele des Eigentümers zu retten,
ist zu einer solchen Handlung nicht durch Art. 4 GG befugt. Und auch der-
jenige, der sich durch sein Gewissen gedrängt fühlt, auf jede Weise rechtzeitig im Gottesdienst zu sein, ist durch die Vorschrift nicht legitimiert, ein
fremdes Auto zu requirieren[42].

Die grundsätzliche Ausgrenzung des gegen Individualrechtsgüter gerichteten Handelns wird nicht widerlegt durch den Fall des Tyrannen-
mords, der ein beliebtes Beispiel aus der Gewissensthematik bildet[43]. Genauer betrachtet gibt nämlich dabei gar nicht der Gewissensentscheid als
solcher die Befugnis, sondern entscheidend sind objektive Umstände, aus
denen sich die Tyranneneigenschaft und die nicht anders mögliche Ab-
wendbarkeit ergeben, sowie der auf Widerstand zielende Zweck. Der Fall
gehört daher in den Problemkreis des Widerstandsrechts und nicht des Ge-
wissensschutzes[44]. Ebenfalls steht der Beispielsfall der gewissensbedingten
direkten aktiven Euthanasie nicht entgegen. Denn der Schutz fremden Lebens ist verfassungsrechtlich höher bewertet, so daß es sich nicht um eine
nach Art. 4 GG rechtmäßige Gewissensbetätigung handelt, sondern erst um
ein Schuldproblem[45].

---

[42] Das Beispiel des Verbrennens eines atheistischen Buches nennt *Roxin*, Allg. Teil I,
§ 22 Rnr. 117. Dagegen meint er zum Fall des requirierten Autos, daß bei einer Ge-
brauchsanmaßung (§ 248b StGB) dem Gewissenstäter der Art. 4 GG zur Steite stehe
(aaO. Rnr. 119). Zu letzterem ist zu bemerken, daß es hier allenfalls um die Ebene der
Verhältnismäßigkeit eines Strafausspruchs und nicht mehr um die der Rechtfertigung des
Verhaltens ginge (siehe hierzu noch im folgenden Ziff. 3a und c, insbesondere zum Absehen von Strafe in Fällen von strafrechtlichen Minima). Bei *Roxin* tritt die Abstufung allerdings nicht ins Blickfeld, weil er nicht hinsichtlich der Rechtswirkungen des Art. 4 GG
differenziert, sondern generell von der Rechtswidrigkeit ausgeht und alle Fragen bei einer
Kategorie der „strafrechtlichen Verantwortlichkeit" ansiedelt. Er vernachlässigt auf diese
Weise, daß die Gewissenstäterproblematik nicht nur die Auswirkungen auf das Strafrecht
betrifft, und meint, eine Differenzierung sei „überraschend" und Ausdruck von
„Schwanken" (Maihofer-Festschr., S. 390 f.).

[43] Angeführt etwa bei *K. Peters*, H. Mayer-Festschr., S. 275.

[44] Darauf hat schon *Geier*, Gewissen, Ideologie, Widerstand, Nonkonformismus,
1963, S. 73, hingewiesen. Im übrigen vgl. auch Art. 20 Abs. 4 GG sowie näher dazu *Hirsch*,
in: LK, Vor § 32 Rnr. 83 ff.

[45] Hierzu *Hirsch*, in: LK, Vor § 32 Rnr. 216.

Kritischer werden die Dinge, sobald es um gewissensbedingte Unterlassungen geht. Zu nennen ist beispielsweise der Fall, daß ein Ehemann sich aufgrund seines religiösen Gewissens gegenüber seiner Frau weigert, ärztliche Hilfe zur Vornahme eines medizinisch indizierten Schwangerschaftsabbruchs zu veranlassen, so daß sie stirbt. Es bedeutet gegenüber dem Gewissenstäter regelmäßig ein größeres Ansinnen der Rechtsordnung, wenn diese ihm gebietet, eine seinem Gewissen widersprechende Handlung vorzunehmen, ihn also für ein Tun in die Pflicht nimmt, als wenn sie ihm die Begehung einer Handlung verbietet, d.h. ein Untätigbleiben von ihm verlangt. Es kommt daher nicht von ungefähr, daß das Gros der praktischen Gewissenstäterfälle in Unterlassungen besteht. Im Schrifttum hat man deshalb sogar gelegentlich gemeint, es gehe überhaupt nur um Unterlassungstaten[46], was jedoch – wie sich im vorhergehenden schon zeigte – nicht zutrifft.

Bei der Einordnung gewissensbedingter Unterlassungen wird leicht übersehen, ob überhaupt die tatbestandlichen Voraussetzungen eines Unterlassungsdelikts erfüllt sind. Der vom Bundesverfassungsgericht entschiedene, bekannte Fall, daß ein Ehemann in Übereinstimmung mit seiner Frau aus Gewissensgründen nicht deren medizinisch erforderliche Überführung in eine Krankenhausbehandlung veranlaßte, sondern dem Gebet den Vorzug gab[47], erfüllte schon gar nicht einen Straftatbestand, weil die Frau im Vollbesitz ihrer geistigen Kräfte die Hilfe ablehnte und daher eine Handlungspflicht des Mannes entfiel. Entgegen der Auffassung des Gerichts stellte sich folglich die Frage des Eingreifens von Art. 4 GG noch gar nicht[48].

Auch in dem ebenfalls bekannten Fall, daß Eltern aufgrund ihres religiösen Gewissens die Zustimmung zur Vornahme einer erforderlichen Bluttransfusion an ihrem in der Klinik befindlichen Kind verweigerten, diese aber noch rechtzeitig infolge der Einsetzung eines Pflegers möglich war[49], lag schon kein Tatbestand eines Unterlassungsdelikts vor. Wenn nämlich die Eltern davon ausgingen, daß trotz ihrer Weigerung die Rettungshandlung rechtzeitig vorgenommen würde, so fehlte es an einem Tö-

---

[46] So *Arndt*, NJW 1966, 2204, 2205; *Ranft*, Schwinge-Festschr., 1973, S. 111, 114 Anm. 13, 123 f.; *K. Peters*, JZ 1972, 85, 86 (aber auch *ders.*, H. Mayer-Festschr., S. 274 f.); siehe ferner *Lenckner*, in: Schönke/Schröder, Vor § 32 Rnr. 118 ff.

[47] BVerfGE 32, 98.

[48] *K. Peters*, JZ 1972, 85 f.; *Hirsch*, in: LK, Vor § 32 Rnr. 222; *Lenckner*, in: Schönke/Schröder, Vor § 32 Rnr. 120. Dagegen erst unter Berufung auf Art. 4 GG entschieden von BVerfGE 32, 98, 108 f. (Art. 4 GG stehe hier der Sinn staatlichen Strafens entgegen). *Roxin*, Maihofer-Festschr., S. 402 f. will dagegen zwischen Tötung durch Unterlassen (insoweit mangels Rechts zur Rettung keine Handlungspflicht) und unterlassener Hilfeleistung (insoweit tatbestandsmäßiges Unrecht, aber aufgrund von Art. 4 GG Fehlen strafrechtlicher Verantwortlichkeit) unterscheiden.

[49] OLG Hamm NJW 1968, 212.

tungsvorsatz, wie auch die mit dem Fall befaßten Gerichte angenommen haben. Damit schied ein Tötungsversuch aus. Im Gegensatz zur richterlichen Beurteilung war ebenfalls der Tatbestand der unterlassenen Hilfeleistung (§ 323c StGB) unabhängig von Art. 4 GG nicht erfüllt; denn die Zustimmung ist wegen der bestehenden Rettungsalternative objektiv nicht erforderlich gewesen; zumindest mangelte es an dem auf die Erforderlichkeit der eigenen Hilfe gerichteten Vorsatz[50].

Wandelt man die Sachverhalte dagegen ab, so ist man beim Problem: sei es, daß die infolge Erkrankung ganz auf eine Initiative ihres Mannes angewiesene Ehefrau die Krankenhausbehandlung nicht ablehnt, sei es, daß infolge der Passivität der Eltern die Bluttransfusion nicht mehr rechtzeitig vorgenommen werden kann. Von der Dogmatik der Unterlassungsdelikte her erhebt sich die Frage, ob wegen des Gewissenskonflikts etwa die Zumutbarkeit als tatbestandseinschränkendes Merkmal entfällt und deshalb auch bei dieser Fallgestaltung schon die Unrechtstatbestandsmäßigkeit zu verneinen wäre[51]. Aber selbst wenn man über den Tatbestand des § 323c StGB hinaus ein derartiges Tatbestandserfordernis für alle Unterlassungsdelikte anerkennen wollte, würde einer solchen Lozierung des Gewissensentscheids entgegenstehen, daß die Zumutbarkeit als Merkmal des *Unrechts*tatbestandes jedenfalls an einem generellen, für alle geltenden Maßstab zu orientieren ist und deshalb für Gewissenskonflikte mit ihrem individuellen inneren Bezug nicht einschlägig sein kann. Auch ein Unrechtsausschluß auf der Ebene der Rechtfertigung scheidet aus, weil in diesen Fällen ein hochrangiges anderes Verfassungsgut, nämlich fremdes Leben, von der Gewissensentscheidung betroffen wird. Die Verfassungsgüter sind nicht nur gegenüber Handlungen, sondern auch gegenüber pflichtwidrigen Unterlassungen verfassungsrechtlich geschützt[52]. Was in diesem Bereich nur möglich wäre, ist ein Vorrang der Gewissensent-

---

[50] Zu diesen Fragen *Ulsenheimer*, FamRZ 1968, 568 ff. Wäre den Eltern von der objektiv gegebenen (bereiten) Rettungsalternative nichts bekannt gewesen, so hätte ein Tötungsversuch durch Unterlassen vorgelegen, und es würden die im folgenden unter Ziff. 3 b und c dargestellten Grundsätze einschlägig sein. Vertraut jemand fälschlich auf das Bestehen der Rettungsalternative, und kommt es zum Todeserfolg, dann geht es um eine Fahrlässigkeitsfrage.

[51] Zur Zumutbarkeit als Erfordernis des Unrechtstatbestands von Unterlassungsdelikten siehe den Überblick über den Meinungsstand bei *Hirsch*, in: LK, Vor § 32 Rnr. 205.

[52] Das wird auch allgemein in den Entscheidungen und Stellungnahmen zu den verfassungsimmanenten Schranken des Art. 4 GG vorausgesetzt, da sie zumeist gewissensbedingte Unterlassungen betreffen. Die verfassungsrechtliche Lage findet auch in Art. 2 Abs. 2 des 5. StRG von 1974 Ausdruck, wo das – in der Regel aus Gewissensgründen bedeutsam werdende – Recht, die Mitwirkung an einem Schwangerschaftsabbruch zu verweigern und damit zu unterlassen (Abs. 1), für den Fall eingeschränkt wird, daß die Mitwirkung notwendig ist, um von der Frau eine anders nicht abwendbare Gefahr des Todes oder einer schweren Gesundheitsbeschädigung abzuwenden.

scheidung, wenn das gegenüberstehende Verfassungsgut kein höchstpersönliches Gut ist – man denke an das Eigentum – und daher unter Berücksichtigung des Umstands, daß ein Unterlassen und kein Tun in Rede steht, die konkrete Abwägung zugunsten von Art. 4 GG ausfällt.

Die Rechtfertigungsproblematik des Art. 4 GG hat ihren Schwerpunkt demgemäß bei Delikten, die Rechtsgüter der Allgemeinheit schützen. Beispiele sind Fälle wie die gewissensbedingte Verweigerung eines militärischen Befehls oder die aus Gewissensnot erfolgende Unterbrechung der Predigt durch einen Gottesdienstbesucher, auch die schon erwähnten Ordnungswidrigkeitenfälle.

Man hat in der Literatur bereits darauf hingewiesen, daß der Gewissensschutz bei Delikten gegen die Allgemeinheit aber nicht stets den Vorrang beansprucht, sondern daß hier ebenfalls verfassungsimmanente Schranken bestehen können[53]. Es ist nämlich zu berücksichtigen, daß es beim Schutz der Allgemeinheit nicht selten um einen vorverlegten Schutz von im Hintergrund stehenden Individualrechtsgütern geht. Man denke an das Delikt der unterlassenen Hilfeleistung nach § 323 c StGB[54] oder an Straftatbestände des Straßenverkehrsrechts, wenn eine konkrete Gefährdung von Leben, Leib oder Eigentum vorliegt. Im übrigen ist zu beachten, daß zu den Verfassungsgütern nicht nur die grundrechtlich garantierten Güter gehören, sondern natürlich auch der Bestand und die Funktionsfähigkeit des Staates selbst[55]. Beispielsweise wird gewissensbedingter Hochverrat nicht von Art. 4 GG gedeckt, sondern insoweit bedarf es zur Rechtfertigung des Vorliegens der objektiven Merkmale des Widerstandsrechts.

d) Aus alledem folgt, daß Art. 4 GG in Verbindung mit seinen verfassungsimmanenten Schranken den Bereich zulässigen gewissensbedingten Verhaltens markiert, in den auch Tatbestände des Straf- und Ordnungswidrigkeitenrechts verwirklichende Gewissensbetätigungen fallen, soweit sie sich innerhalb der Schranken halten. Abweichend von der im Strafrecht vorherrschenden Auffassung hat sich gezeigt, daß es gerechtfertigte Ge-

---

[53] Vgl. *Bäumlin*, VVDStRL 28 (1970), S. 18; *Rudolphi*, Welzel-Festschr., S. 614 ff.; *Roxin*, Maihofer-Festschr., S. 398 ff.; siehe auch BVerfGE 32, 98, 107 ff.

[54] Beispiel: Der einzige verfügbare Arzt verweigert bei einem Unglücksfall die ärztliche Versorgung eines lebensbedrohlich Verletzten, weil ihm sein religiöses Gewissen die Einhaltung der Feiertagsruhe gebietet. Abw. von der h. M. will allerdings *Bopp* (Fn. 12), S. 216 ff. in Fällen des § 323c StGB stets einen Vorrang der Gewissensentscheidung annehmen. Hiergegen aber bereits näher *Roxin*, Maihofer-Festschr., S. 401. Die Auffassung von *Bopp* wäre auch nicht mit dem oben (Fn. 52) erwähnten Art. 2 Abs. 2 des 5. StRG in Einklang zu bringen, der nicht zwischen Garantenpflichtigen und nur nach § 323c StGB Hilfspflichtigen unterscheidet.

[55] Vgl. BVerfGE 20, 162, 168 (wo unter dem Bestand des Staates dessen organisatorisches Gefüge und freiheitlich demokratische Grundordnung verstanden wird). Präziser *Stern*, Staatsrecht der Bundesrepublik Deutschland, Bd. III/2, 1994, S. 686 f.

wissenstaten gibt. Diese bilden aber nur einen Teilbereich der strafrechtlichen Gewissenstäterproblematik[56]. Infolge der zu beachtenden verfassungsimmanenten Schranken ist der Kreis der nach Art. 4 GG zulässigen Fälle *straf*tatbestandsmäßiger Gewissensbetätigungen nicht sonderlich groß. Dies steht im übrigen nicht in Widerspruch zu den Zielen, die von den Vätern des Grundgesetzes mit der Schaffung eines ohne Gesetzesvorbehalt geregelten Grundrechts verfolgt worden sind. Man wollte damals aus dem während der NS-Zeit zu vermissenden Aufschrei des Gewissens gegenüber Unrechtsgesetzen und sonstigen staatlichen Rechtsbrüchen die Lehre ziehen[57]. Sollte sich in Deutschland wieder ein Unrechtsregime zu entwickeln beginnen, was angesichts des kaum stark gefestigten und leicht manipulierbaren inneren Zustands der Gesellschaft wohl nicht mit völliger Gewißheit auszuschließen ist, so sind tatbestandsmäßige Widerstandshandlungen, weil gegen Staatsunrecht gerichtet, selbstverständlich durch das Grundgesetz gerechtfertigt, wobei aber inzwischen ausdrücklich Art. 20 Abs. 4 GG die einschlägige Regelung enthält.

3. Nicht durch Art. 4 GG gerechtfertigte Gewissenstäter-Fälle

a) Diejenigen Gewissenstäter-Fälle, bei denen nicht nach Art. 4 GG Rechtfertigung eintritt, sondern eine Überschreitung der verfassungsimmanenten Schranken vorliegt, sind es, mit denen das Strafrecht vor allem konfrontiert wird. Zuvor wurde schon darauf hingewiesen, daß auch bei ihnen das Grundrecht noch Bedeutung haben kann: insofern nämlich, als es aufgrund seiner Ausstrahlungswirkung oder in Verbindung mit dem Rechtsstaatprinzip die Verhältnismäßigkeit des staatlichen Grundrechtseingriffs, hier des Eingriffs durch das ein vorrangiges Verfassungsgut schützende Strafgesetz, verlangt[58]. Es ist möglich, daß der Gewissenstäter, wenngleich sein Verhalten rechtswidrig gewesen ist, noch ein durch die Verfassung verbürgtes Recht darauf hat, nicht oder nicht in voller Höhe mit Strafe belegt zu werden, sei es, daß eine ordnungswidrigkeiten-, verwaltungs- oder zivilrechtliche Erledigung oder auch eine andere strafrechtliche

---

[56] Nachw. zu dieser Auffassung oben Fn. 20. Von den dort zitierten Anhängern einer Rechtfertigungslösung wird die Notwendigkeit einer Differenzierung zwischen den nach Art. 4 GG gerechtfertigten und den nur von der „Ausstrahlungswirkung" des Grundrechts erfaßten Fällen vernachlässigt. *Bopp* (Fn. 12), S. 212, 239 f. geht allerdings bereits in diese Richtung, mißt dem Rechtfertigungsbereich dabei aber zu wenig Bedeutung bei, weshalb er gemeinhin als Vertreter einer reinen Entschuldigungslösung eingeordnet wird.

[57] Zur Entstehungsgeschichte: *Matz*, in: v. Doemming/Füsslein/Matz, JÖR (N. F.) 1 (1951), 73 ff.

[58] Vgl. die Nachweise oben Fn. 34.

Rechtsfolge als die Strafe ausreichend sein würde, sei es, daß jedenfalls eine Strafmilderung angemessen wäre. So hat auch das Bundesverfassungsgericht im Falle, daß sich aus Art. 4 Abs. 1 GG nicht die Rechtmäßigkeit des gewissensbedingten Verhaltens ergab, die Auffassung vertreten, eine Bestrafung des Täters könne gleichwohl eine nach Art und Maß unangemessene staatliche Sanktion sein[59].

Man würde es sich nun allerdings zu einfach machen, wollte man es beim bloßen Hinweis auf das Verhältnismäßigkeitsprinzip bewenden lassen. Das kritische Wort, daß die Berufung auf die Verhältnismäßigkeit der Mittel nur allzu leicht die Mittelmäßigkeit der Verhältnisse, nämlich der juristischen, widerspiegele, braucht nicht bemüht zu werden. Denn das, woran der Verhältnismäßigkeitsgrundsatz hier erinnern soll, sind die generellen Erfordernisse für eine Bestrafung, hier also noch das Vorliegen der Schuld und – in bezug auf den Rechtsfolgenbereich – der Strafzwecke, auch wenn das Bundesverfassungsgericht der genauen Zuordnung keine Beachtung geschenkt hat[60].

b) Es stellt sich also für das Strafrecht als nächstes die Frage, ob beim Gewissenstäter einer rechtswidrigen Tat die strafrechtlich erforderliche *Schuld* fehlt und auf diese Weise die Strafbarkeit entfällt. Es wurde schon darauf hingewiesen, daß nach einer strafrechtlichen Schrifttumsrichtung das Gewissenstäterproblem insgesamt auf der Ebene der Entschuldigung angesiedelt sein soll[61]. Auch wenn diese Generalisierung den nach Art. 4 GG schon rechtmäßigen Bereich übersieht, könnte für die Verneinung der Schuld bei den auch nach der Verfassung rechtswidrigen Fällen sprechen, daß durch den Gewissenskonflikt die Fähigkeit des Täters, sich rechtmäßig zu motivieren, beeinträchtigt ist. Hier hat man nun aber zu beachten, daß ein Gewissenskonflikt das Steuerungsvermögen des Täters nicht auf Null reduziert. Andernfalls hieße auch das Ergebnis, daß die Gewissenstäter, und zwar überhaupt, in eine Rubrik mit den wegen Unzurechnungsfähigkeit Schuldunfähigen einzuordnen wären, was sicherlich nicht ihrer Verankerung in einem Grundrecht entspräche. Um was es nur gehen könnte, ist eine

---

[59] BVerfGE 32, 98, 108 ff.

[60] In BVerfGE 32, 98, 108 ff., wo an sich überhaupt schon aus allgemeinen Gründen die Unrechtstatbestandsmäßigkeit zu verneinen war (s. o. Fn. 48), ist vom hier fehlenden „Sinn staatlichen Strafens" und davon die Rede, daß die Tat nicht mehr in dem Maße „vorwerfbar" sei, um mit dem Strafrecht gegen den Täter vorzugehen. Sodann heißt es, in der vorliegenden Grenzsituation sei „Kriminalstrafe ... unter keinem Aspekt (Vergeltung, Prävention, Resozialisierung des Täters) eine adäquate Sanktion".

[61] Siehe die Nachw. oben Fn. 12. Wenn es in BVerfGE 32, 98, 108 ff. heißt, daß eine Gewissenstat nicht mehr in dem Maße „vorwerfbar" sein könne, daß sie den Strafzwecken genüge (s. o. Fn. 60), so ist hiermit dagegen die systematische Zuordnung offengelassen worden. Zudem hat man den zu entscheidenden „Gesundbeter-Fall" vor Augen gehabt, bei dem genauer betrachtet eben schon gar kein Unrechtstatbestand erfüllt war und bereits deshalb eine Strafbarkeit ausschied (s. o. Fn. 48 und den dortigen Text).

Schuldreduzierung. Eine solche kann nach dem Strafgesetzbuch in gewissen Fällen zur Entschuldigung führen, wenn der Motivationsdruck typischerweise so groß ist, daß er in Verbindung mit einer objektiven Unrechtsminderung die Schuld auf ein für einen strafrechtlich relevanten Schuldvorwurf nicht mehr ausreichendes Maß herabsetzt. Hinzuweisen ist auf die Vorschriften über den entschuldigenden Notstand und die Notwehrüberschreitung. Hierbei wird schon deutlich, daß die Kategorie der Entschuldigungsgründe, auch als entschuldigende Unzumutbarkeitsfälle bezeichnet[62], mehr verlangt als nur einen Gewissenskonflikt. Es müssen bei ihr objektive Merkmale hinzukommen, in denen sich die Unrechtsminderung ausdrückt[63] – was sich beispielsweise beim entschuldigenden Notstand am Erfordernis der objektiven Notstandssituation zeigt, in der es um die Rettung von Leben, Leib oder Freiheit eines Menschen geht. Dies bedeutet gleichzeitig, daß auch eine inhaltliche Bewertung der den Konflikt auslösenden Sachlage und der zur Abwendung vorgenommenen Handlung stattfindet. Der Gesetzgeber hat dabei für die vorsätzlichen Begehungsdelikte die Maßstäbe in den genannten positivrechtlichen Regelungen vorgegeben, weshalb dort eine außergesetzliche Erweiterung des Katalogs der Entschuldigungsfälle auch nur hinsichtlich des übergesetzlichen entschuldigenden Notstands stattgefunden hat[64]. In diesen lassen sich Extremfälle der direkten aktiven Euthanasie einordnen, wobei aber eben zu der seelischen Konfliktlage des Täters und dem von ihm verfolgten Zweck der Leidensverkürzung noch zugespitzte *objektive* Notstandsmerkmale hinzukommen müssen[65].

Bei den Unterlassungsdelikten kennt das Strafrecht im Unterschied zu den Begehungsdelikten zwar die entschuldigende Unzumutbarkeit als allgemeinen entschuldigenden Gesichtspunkt[66]. Das bedeutet jedoch auch hier nicht, daß schon allein der Gewissensentscheid zur Entschuldigung der rechtswidrigen Tat führt. Vielmehr bedarf es ebenfalls der Verknüpfung von seelischer Konfliktlage und objektiven Gesichtspunkten, die nach den Maßstäben des geltenden Rechts eine Unrechtsminderung zulassen. Infolgedessen können über die Rechtsfigur der entschuldigenden Unzumutbarkeit nur die wenigen Fälle erfaßt werden, die solche Voraussetzungen erfüllen.

Daß der Gewissensentscheid nicht schon für sich allein zur Entschuldigung einer rechtswidrigen, nämlich nicht durch Art. 4 GG gerechtfertigten,

---

[62] Näher *Hirsch*, in: LK, Vor § 32 Rnr. 193 ff. m. w. N.

[63] Näher *Hirsch*, in: LK, Vor § 32 Rnr. 195 m. w. N.

[64] Näher dazu *Hirsch*, in: LK, Vor § 32 Rnr. 196 m. w. N.

[65] Vgl. Nachw. in Fn. 45.

[66] So die h. M.; vgl. BGHSt. 2, 194, 204; (GrS) 6, 46, 57; *Rudolphi*, System. Kommentar zum StGB (SK), 6. Aufl. 1992, Vor § 13 Rnr. 31 ff.; *Wessels*, Strafrecht, Allg. Teil, 25. Aufl. 1995, S. 224 m. w. N. Schon nicht über den für Begehungsdelikte anerkannten Bereich hinausgehend: *Jakobs*, Allg. Teil, 29/99; *Jescheck/Weigend*, Allg. Teil, S. 635 m. w. N.

Tat führt, ist keineswegs unbefriedigend. Andernfalls würde der rechtswidrig handelnde Täter sich nämlich unter Hinweis allein auf das Gewissen
individuell vom Strafrecht freistellen können. Um es ganz konkret zu sagen:
In Deutschland erfolgende gewissensbedingte Mädchenbeschneidungen
und Witwenverbrennungen wären sonst entschuldigt und damit überhaupt
dem Strafrecht entzogen. Das wird wohl kaum jemand befürworten wol-
len. Und auch das sich ausbreitende Sektenwesen und seine Exzesse sind
hier anzuführen. In den sich ereignenden Fällen lassen sich nicht immer
schon die Voraussetzungen eines Gewissensentscheids verneinen. Denn
weder sind „gut" und „böse" absolute Kategorien, noch ist das in der Ge-
wissensdefinition des Bundesverfassungsgerichts genannte Erfordernis,
daß eine sittliche Entscheidung vorliegen muß, an die ethischen Maßstäbe
der christlichen Welt oder auch nur etablierter religiöser Gemeinschaften
gebunden[67].

Hinsichtlich der Schuldebene ergibt sich somit: Liegen die für die Entschuldigungsgründe neben der seelischen Konfliktlage erforderlichen weiteren, insbesondere objektiven Erfordernisse nicht vor – und so verhält es
sich in den meisten Fällen –, dann kommt für den Gewissenstäter bei der
Schuldfrage nur eine Schuld*minderung* in Betracht.

c) Es verbleibt nun noch die *Rechtsfolgenebene.* Hingewiesen wurde
schon darauf, daß man an dieser Stelle herkömmlich und auch heute zumeist die Lösung sucht[68], allerdings ohne die im vorhergehenden zu Art. 4
GG aufgezeigte Differenzierung.

Als erstes scheidet der Gedanke aus, daß, obgleich in den jetzt zur Erörterung stehenden Fällen alle Voraussetzungen einer Straftat vorliegen,
gleichwohl eine strafrechtliche Reaktion unangemessen sei. Er läßt sich
auch nicht aus der Entscheidung des Bundesverfassungsgerichts[69] in dem
schon erwähnten Fall des religiös-gewissensbedingten Unterlassens der
Veranlassung einer stationären ärztlichen Versorgung der Ehefrau heraus-
lesen, da dort schon gar kein straftatbestandsmäßiges Unrecht vorlag. Eine
solche Auffassung wäre vielmehr bei Taten, die wegen Überschreitens des
grundrechtlich gewährten Bereichs rechtswidrig und zudem schuldhaft
sind, ihrerseits unangemessen. Wer etwa durch sein religiöses Gewissen ge-
trieben in Deutschland den Mordbeschluß iranischer Ayatollas gegen Sal-
man Rushdie vollstrecken würde, darf nicht damit rechnen, daß hier strafrechtliche Reaktionen gegen ihn als unverhältnismäßig ausgeschlossen
wären. Die rechtliche Reaktion auf eine solche – sich hoffentlich nicht er-
eignende – Tat könnte doch nicht nur in einer Geldbuße wegen einer Ord-

---

[67] Vgl. die Nachw. oben Fn. 39.
[68] Vgl. dazu die Nachw. oben Fn. 17.
[69] BVerfGE 32, 98. Zu dieser Entscheidung siehe oben den Text vor Fn. 48 und die
dortigen Nachw. kritischer Stellungnahmen.

nungswidrigkeit des Schießens an öffentlichen Orten bestehen. Hier greifen also parallele Argumente Platz, wie sie schon bei der Frage der Entschuldigung aufgetaucht sind. Und angesichts der ständigen Zunahme von Berufungen auf Gewissensentscheide, auf die kürzlich auch *Karl Peters* hingewiesen hat[70], läßt sich nicht behaupten, daß es sich bei den Fällen doch nur um Raritäten handele.

Es kann mithin nicht bereits darum gehen, die Möglichkeit einer strafrechtlichen Rechtsfolge ganz zu verneinen, sondern allein darum, ob die Strafe bei Gewissenstaten die wesensmäßig adäquate Rechtsfolge darstellt oder ob hier mit einer anderen *strafrechtlichen* Rechtsfolge zu reagieren ist. Es wurde schon erwähnt, daß sich während der 20er Jahre und nach dem Zweiten Weltkrieg die Diskussion auf diese Frage konzentriert hat. An die Stelle der Freiheitsstrafe sollte Einschließung treten. Und anstelle der heute dominierenden Geldstrafe wäre an Geldbuße zu denken. Es war aber richtig, daß man Ende der 60er Jahre hiervon abgekommen ist. Die gegen einen Täter verhängte Strafe hat nach heutigem Strafverständnis nicht die Funktion der Entehrung[71]. Sie soll vielmehr dokumentieren, daß die Gesellschaft die Beeinträchtigung der durch Strafdrohung geschützten Güter nicht hinzunehmen bereit ist. Deshalb hat man auch 1968 die Rechtsfolge „Einschließung", die für vereinzelte Straftatbestände wahlweise neben der an eine ehrlose Gesinnung geknüpften Zuchthausstrafe angedroht war, allgemein im Strafgesetzbuch beseitigt[72].

Es läßt sich nicht gegen eine Bestrafung anführen, daß die Strafe bei Gewissenstätern wirkungslos sei. Abgesehen davon, daß das nicht generell anzunehmen ist, wie schon *Heinitz* auf der Strafrechtslehrertagung 1966 dargelegt hat[73], würde Unempfänglichkeit für Strafe nicht vor ihr schützen, weshalb auch der resistente Rückfalltäter nicht von ihr verschont wird. Der Grund dafür liegt in der durch den richterlichen Strafausspruch zum Ausdruck gelangenden Bewährung der Rechtsordnung; man spricht heute auch von positiver Generalprävention[74]. Wenn gesagt wird, das Gewissen dürfe aber nicht zu brechen versucht werden[75], so ist dabei zunächst wieder nicht unterschieden zwischen den Fällen, in denen es sich um den durch Art. 4 GG für unverletzlich erklärten Bereich handelt, und den Fällen derjenigen

---

[70] *K. Peters,* Stree/Wessels-Festschr., S. 3, 6 f.

[71] Näher *Heinitz,* ZStW 78 (1966), 635.

[72] § 20 a. F. StGB und die Erwähnung der Einschließung in Strafbestimmungen des Besonderen Teils (s. o. Fn. 9) wurden durch das 8. StÄG vom 25. 6. 1968, BGBl. I, 901, beseitigt. Näher zum Verlauf der damaligen Diskussion *Ebert* (Fn. 12), S. 13 ff.

[73] *Heinitz,* ZStW 78 (1966) 615, 627.

[74] Zur Bewährung der Rechtsordnung vgl. *Jescheck/Weigend,* Allg. Teil, S. 76 f.; zur positiven Generalprävention vgl. *Stree,* in: Schönke/Schröder, Vor § 38 Rnr. 2 f.; jeweils m. w. N.

[75] BVerfGE 23, 127, 134.

Gewissensbetätigungen, bei denen die verfassungsimmanenten Schranken überschritten sind. Nur um die zweite Fallgruppe geht es im jetzt zur Erörterung stehenden Zusammenhang. Es ist also zwar grundsätzlich verbürgt, daß jeder seinem Gewissen folgen kann. Sobald er jedoch in vorrangige andere Verfassungsgüter eingreift und das Gewissen daher rechtswidrig betätigt, kann an ihn durch Strafe appelliert werden, sein Verhalten zu überprüfen: Mit der Strafe läßt sich durchaus und legitim an seine Einsicht appellieren, den eigenen Gewissenskonflikt nicht auf Kosten des ebenfalls verfassungsrechtlich garantierten Schutzes anderer zu lösen und auch dafür Sorge zu tragen, daß das tatsächliche Entstehen einer konkreten subjektiven Konfliktsituation tunlichst vermieden wird.

Deshalb geht es bei den durch Art. 4 GG nicht für rechtmäßig erklärten Gewissensbetätigungen allein darum, bei der Bestrafung die schon erwähnte Schuldminderung zu berücksichtigen. Sie bedeutet, daß der Gewissensentscheid im Unterschied zur bisherigen herrschenden Meinung im Strafrecht, die ihn überhaupt nur im Rahmen des Normalstrafrahmens bei der Strafzumessung verbuchen will[76], analog zu den gesetzlichen Schuldminderungsregelungen der §§ 17 Satz 2 und 21 StGB zu berücksichtigen ist – mit der Wirkung, daß über § 49 Abs. 1 StGB ein niedrigerer Strafrahmen zur Anwendung kommt. Um zu verhindern, daß auch völlig unerträgliche Taten auf solche Weise eine Milderung erfahren, ist ebenso wie in den vorgenannten Vorschriften eine nur fakultative Privilegierung angezeigt. Soweit es um Vergehen und nicht um Verbrechen geht, ist im übrigen daran zu denken, daß in Fällen, in denen das Ausmaß des Unrechts und die verminderte Schuld dies zulassen, ausnahmsweise auch die Rechtsfolge des Absehens von Strafe bei ergehendem Schuldspruch in Betracht kommt[77].

Es handelt sich bei alledem bereits um eine Lösung de lege lata, da das Verfassungsrecht die Verhältnismäßigkeit zwischen Gewissenstat und rechtlicher Reaktion verlangt.

4. Allgemeines Wohlwollensgebot und Gefahr der Aufweichung des Gewissensbegriffs

Zu bemerken verbleibt noch, daß es bei der Einstufung der verschiedenen Gewissenstäterfälle um nüchterne juristische Kriterien geht. Das vom Bundesverfassungsgericht in bezug auf Gewissenstäter ausgesprochene all-

---

[76] Nachw. zur h. M. oben Fn. 17. Zur weitergehenden Auffassung von BVerfGE 32, 98, 108 ff. oben Fn. 60 und 61.

[77] So § 58 AE-AT 1966, der einen fakultativen Strafverzicht bei Bestehenbleiben des Schuldvorwurfs für Taten vorsieht, die „einer außergewöhnlichen schweren Konfliktlage entsprungen" sind, wobei nach der Entwurfsbegründung (S. 109) u. a. an die Fälle eines außerordentlich schweren Gewissenskonflikts gedacht war.

gemeine Wohlwollensgebot[78] erscheint demgegenüber zu undifferenziert. Auch ist noch einmal zu betonen, daß immer genau darauf zu achten ist, ob überhaupt die Voraussetzungen eines Gewissensentscheids in Betracht kommen. Im Zusammenhang mit dem massenhaften Auftreten von Fällen, in denen von dem ausdrücklich verfassungsrechtlich eingeräumten Recht auf gewissensbedingte Wehrdienstverweigerung Gebrauch gemacht wird, ist der Gewissensbegriff stark aufgeweicht worden. Einem Gewissensentscheid ist eine individuelle Konfliktsituation eigen. Bei dem Massenphänomen der Wehrdienstverweigerung und seiner rechtlichen Tolerierung handelt es sich dagegen um etwas anderes: einen Ausdruck des Wertewandels in der Gesellschaft. Eine allgemeine Verwässerung des Gewissensbegriffs würde die Grundlagen der ganzen Gewissenstäterthematik einschließlich der aus dem Grundrecht des Art. 4 GG zu ziehenden Folgerungen verändern[79].

III. Überzeugungstäter i. e. S.

Es wurde eingangs schon darauf hingewiesen, daß es neben dem Gewissenstäter auch noch den Überzeugungstäter i. e. S. gibt. Dieser Täter steht nicht in einem Gewissenskonflikt, sondern er ist lediglich motiviert von der sachlichen Richtigkeit seiner Entscheidung. Er begeht die Tat aus *bloßer* Überzeugung, d. h. zwar ebenfalls aus einem Sollensbewußtsein heraus, aber ohne das aus dem Gegensatz von „gut" und „böse" resultierende innere Erlebnis unbedingter Verpflichtung[80]. Hier handelt es sich vor allem um subjektiv als gesollt empfundene politisch-weltanschauliche Motive[81]. Der StGB-Entwurf Radbruch und nachfolgende StGB-Entwürfe der 20er Jahre unterschieden solche Fälle nicht von denen der Gewissenstäterschaft[82]. Dahinter stand die Vorstellung, daß alle politisch-weltanschaulichen Konzepte auf ein vertretbares Ziel hin ausgerichtet seien und es nur

---

[78] BVerfGE 23, 127, 134.

[79] Gegen Tendenzen zur Aufweichung und Bagatellisierung des Gewissensbegriffs auch K. Peters, Stree/Wessels-Festschr., S. 3, 4 ff., 10.

[80] Ebert (Fn. 12), S. 74 ff.; Greffenius (Fn. 10), S. 61 ff.; K. Peters, H. Mayer-Festschr., S. 273; Roxin, Maihofer-Festschr., S. 392.

[81] Zur Notwendigkeit und Durchführbarkeit der Unterscheidung von Gewissenstätern und Überzeugungstätern i. e. S. siehe oben Teil I. Sie verlangt die genaue Beachtung der strengen Voraussetzungen des Vorliegens eines echten Gewissenskonflikts, wie schon K. Peters, H. Mayer-Festschr., S. 277 angemahnt hat. Speziell zur Abgrenzung von Ideologietätern und Gewissenstätern: Häußling, JZ 1966, 413 ff.; Sax, Der Ideologie-Täter und das Problem des irrenden Gewissens, in: Veröff. der kathol. Akad. Freiburg, Nr. 5, 1967, S. 24 ff.

[82] Siehe oben Fn. 8.

eine Frage der Machtverhältnisse sei, welche von ihnen jeweils den Inhalt der geltenden Rechtsordnung bestimmten[83]. Dabei hatte man hier ebenso wie damals auch beim Gewissenstäter zwar kein völliges Zurücktreten des Strafrechts, aber eine nicht diskriminierende strafrechtliche Rechtsfolge, nämlich die schon erwähnte Einschließung, vor Augen[84].

Spätestens seit den Erfahrungen mit dem Nationalsozialismus ist bei der Beurteilung dieser Fallgruppe jedoch die gebotene Zurückhaltung eingetreten. Eine Tat verdient nicht schon allein deshalb Nachsicht oder sogar Respekt, weil sie aus politisch-weltanschaulichen Motiven erfolgt ist. Im Gegenteil! Die großen Menschheitsverbrechen dieses Jahrhunderts sind aus politisch-ideologischer Überzeugung begangen worden: die der Bolschewisten und Stalinisten, der Nationalsozialisten und der Fundamentalsozialisten eines Pol Pot. Die Vorstellung, im Besitze der absoluten Wahrheit zu sein, hat diese Verbrechen ermöglicht. Von einem dem Täter vorrangig erscheinenden Motiv ist im übrigen praktisch jede Straftat begleitet. Solche Motive können isoliert betrachtet durchaus Respekt erheischend sein, z. B. die Verbesserung der wirtschaftlichen Situation der Familie als Motiv eines Diebes (oder die Liebe zu einer Frau als Motiv zur Tötung des Nebenbuhlers). Ausschlaggebend sind jedoch nicht sie, sondern die Tat, die sie ausgelöst haben. Außerdem zeigt sich, daß es auch Ideologien gibt, die schon als solche verbrecherisch sind. Daß eine Straftat durch eine politisch-ideologische Überzeugung motiviert ist, kann also für sich allein keine Privilegierung bewirken. Was nur möglich ist, sind Situationen, in denen derartige Täter gleichzeitig Opfer eines politischen Systems sind. Zu denken ist dabei an die politisch verführten oder gar fanatisierten Ausführungsorgane totalitärer Regime. Aber auch in solchen Fällen geht es um allgemeine strafrechtliche Maßstäbe, also namentlich um das Vorliegen eines bei diesen Personen hervorgerufenen Verbotsirrtums[85]. Diesbezüglich spielt bei der Vermeidbarkeitsfrage die politische Verführung, insbesondere junger Leute, bekanntlich eine wichtige Rolle. Sonst jedoch können politische und ideologische Motive, ihre Art und ihre Wirkung auf den Täter nur im Rahmen der allgemeinen Strafzumessung von Bedeutung sein.

IV. Ziviler Ungehorsam

Von großer Aktualität ist die im Rahmen des Themas zu behandelnde dritte und letzte Tätergruppe: die des sogenannten zivilen Ungehorsams.

---

[83] Vgl. *Radbruch*, ZStW 44 (1924), 34, 37 („Gegner der derzeitigen sittlichen, religiösen, politischen Macht") sowie S. 38 („Wo Pflichtüberzeugungen kämpfen, kommt der Gerechtigkeit die relativistische Haltung der Skepsis zu.").
[84] Siehe oben Fn. 9 und dort den vorhergehenden Text.
[85] Aktuelle Beispiele sind die Mauerschützen-Fälle; vgl. BGHSt. 39, 1, 32 f., 35; 39, 168, 189; 40, 241; BGH NJW 1995, 1437, 1438; BGH NStZ 1995, 286, 287; u. a.

Sitzblockaden, Hausbesetzungen und Attentate auf Eisenbahnstrecken sind bei uns dabei vor allem im Blickfeld.

Hinsichtlich der im Vordergrund des bisherigen Interesses stehenden Sitzblockaden, Stichwort „Mutlangen", ist aber gleich zu Beginn klarzustellen, daß in der Diskussion unglücklicherweise zwei Fragen miteinander verquickt worden sind: die des tatbestandlichen Vorliegens einer durch Gewalt begangenen Nötigung nach § 240 StGB und die der Beurteilung eines in einer Sitzblockade bestehenden zivilen Ungehorsams[86]. Es sprechen gute Gründe für die in der Strafrechtstheorie immer wieder vorgebrachte Auffassung, daß im versperrenden Hinsetzen bestehende Blockaden nicht unter den Gewaltbegriff des Strafgesetzbuchs fallen, will man diesen nicht contra legem zum Oberbegriff der Nötigungsmittel werden lassen, ihn damit aufweichen und als Folge davon gezwungen sein, ihn innerhalb des StGB unterschiedlich zu interpretieren[87]. Es geht bei dieser Kritik an der extensiven Auslegung durch Senate des Bundesgerichtshofs um eine rein hermeneutische Frage. Um so bedauerlicher ist es, daß sie in der Öffentlichkeit politisiert worden ist. Inzwischen hat das Bundesverfassungsgericht in seiner zweiten Nötigungsentscheidung die zulässigen Auslegungsgrenzen in Erinnerung gebracht[88]. Das schließt indes nicht aus, daß die Frage der rechtlichen Behandlung eines in Sitzblockaden bestehenden zivilen Ungehorsams sich de lege ferenda bei einer gesetzlichen Erweiterung des Nötigungstatbestandes und de lege lata in bezug auf das Ordnungswidrigkeitenrecht stellen kann.

Im übrigen bleibt das allgemeine Problem des zivilen Ungehorsams von den speziellen Rechtsfragen der Sitzblockaden unberührt.

Um was handelt es sich beim „zivilen Ungehorsam"? Das Bundesverfassungsgericht beschreibt ihn als „ein Widerstehen des Bürgers gegenüber einzelnen gewichtigen staatlichen Entscheidungen..., um einer für verhängnisvoll und ethisch illegitim gehaltenen Entscheidung durch demonstrativen, zeichenhaften Protest bis zu aufsehenerregenden Regelverletzungen zu begegnen"[89]. Im Schrifttum ist entsprechend die Rede von einer bewuß-

---

[86] Der BGH hatte bekanntlich im Anschluß an die frühere Entscheidung BGHSt. 23, 46, 53 f. (Laepple-Fall) angenommen, daß Sitzblockaden Gewalt i. S. des § 240 StGB seien. Die in der Strafrechtswissenschaft daran geäußerte Kritik richtete sich gegen die Ausweitung des Gewaltbegriffs und wies darauf hin, daß eine Strafbarkeit mit Rücksicht auf den Satz nullum crimen sine lege die Schaffung einer strafgesetzlichen Regelung erforderlich mache. Diese rein juristische Kritik ist – zumal in der Öffentlichkeit – nicht deutlich von der Frage der Strafbedürftigkeit solcher Sitzblockaden getrennt worden.

[87] Näher dazu *Geilen*, H. Mayer-Festschr., S. 445 ff.; *Callies*, Der Begriff der Gewalt im Systemzusammenhang der Straftatbestände, 1974; *Wolter*, NStZ 1985, 193; *Hirsch*, Tröndle-Festschr., 1989, S. 19 ff. m. w. N.

[88] BVerfGE 92, 1.

[89] BVerfGE 73, 206, 250.

ten Regelverletzung als Mittel zum Zweck eines öffentlich bekundeten und ethisch-normativ begründeten symbolischen Protestes, der friedlich bleibt[90].

Die Besonderheit gegenüber den im vorhergehenden erörterten Überzeugungstäterfällen besteht darin, daß aus subjektiv politisch-ethischen Gründen durch einen bewußten Rechtsverstoß ein demonstrativer öffentlicher Protest erfolgen soll.

Die Auffassung, nach der in solchen Fällen die Rechtswidrigkeit zu verneinen, also ein Rechtfertigungsgrund anzunehmen sei, findet sich nur bei wenigen Autoren[91]. Sie geht aus von der von *John Rawls* in seinen einflußreichen Arbeiten vertretenen Ansicht, daß ziviler Ungehorsam „innerhalb der Grenzen der Rechtstreue" bleibe, auch wenn er sich an deren „Rand" bewege[92]. Er sei moralisch legitimiert, sei – wie *Habermas* schreibt[93] – notwendiger Bestandteil „einer reifen politischen Kultur". Auch wird von einer evolutionären Stoßrichtung gesprochen, die als Form symbolischer Expressivität der öffentlich geäußerten Meinung, der Versammlung und der Demonstration verwandt sei[94]. Für Rechtfertigung ist deshalb angeführt worden, daß Akte zivilen Ungehorsams durch die Grundrechte der Meinungs- und Versammlungsfreiheit gedeckt wären[95].

Auch wenn man berücksichtigt, daß es bei den Regelverstößen nur um Delikte leichter Natur gehen soll[96], weshalb beispielsweise gefährliche Eingriffe in den Eisenbahnverkehr von vornherein außer Betracht bleiben, ist demgegenüber jedoch darauf hinzuweisen, daß die Grundrechte der Meinungs- und Versammlungsfreiheit der Beschränkung durch einfache Gesetze, also nicht zuletzt durch Strafgesetze, unterliegen und daß auch nach der „Wechselwirkungstheorie" des Lüth-Urteils[97] die Abwägung hier gegen den Vorrang des Grundrechts ausfallen müßte. Der Staat würde sich selber angreifen, wenn er das Protestinteresse einer Gruppe höher einstufen wollte

---

[90] So mit Formulierungsnuancen: *Rawls*, Eine Theorie der Gerechtigkeit, 1975 (dt. Übersetzung von: A theory of justice, 1971), S. 401 ff.; *Schüler-Springorum*, bei Glotz (Hrsg.), Ziviler Ungehorsam im Rechtsstaat, 1983, S. 76, 79; *Dreier*, bei Glotz (wie zuvor), S. 54, 66; *Frankenberg*, JZ 1984, 266, 269; *Laker*, Ziviler Ungehorsam, 1986, S. 186.

[91] *Dreier* (Fn. 90), S. 64 (Art. 5, 8 GG); *Schüler-Springorum* (Fn. 90), S. 87 ff. (§ 34 StGB); in engen Grenzen auch *Laker* (Fn. 90), S. 237 ff., 313 f. (kraft Verfassungsrechts einzelfallbezogene Güterabwägung).

[92] *Rawls*, Die Rechtfertigung bürgerlichen Ungehorsams, in O. Höffe (Hrsg.), John Rawls, Gerechtigkeit als Fairness, 1977, S. 165, 177; *ders.* (Fn. 90), S. 403.

[93] *Habermas*, bei Glotz (Fn. 90), S. 29, 32.

[94] *Frankenberg*, JZ 1984, 266, 270.

[95] *Dreier* (Fn. 90), S. 64 ff.; *ders.*, Wassermann-Festschr., 1985, S. 299, 308.

[96] Es heißt, daß es sich um eine bewußt straftatbestandliche „Regelverletzung" als Mittel eines „gewaltlos" bleibenden Protestes (*Schüler-Springorum* [Fn. 90], S. 79) oder als „friedlicher Akt" des Protestes (*Laker* [Fn. 90], S. 186) handele.

[97] BVerfGE 7, 198.

als die Befolgung der auf verfassungsmäßigen Mehrheitsbeschlüssen beruhenden Strafgesetze[98].

Darüber hinaus wird bei der Annahme von Rechtfertigung verkannt, daß ziviler Ungehorsam seinem Wesen nach Illegalität mit dem Risiko entsprechender Sanktionen einschließt. Den Tätern geht es doch gerade darum, durch einen „Regelverstoß", nämlich eine rechtswidrige Tat, zu provozieren. Das Bundesverfassungsgericht hat bereits mit Recht angemerkt, es sei deshalb „widersinnig, den Gesichtspunkt des zivilen Ungehorsams als Rechtfertigungsgrund für Gesetzesverletzungen geltend zu machen"[99]. Übrigens ergäbe sich sonst auch eine fatale Konsequenz: Da die Provokation und Aufmerksamkeit gerade dadurch erreicht werden soll, daß man eine Straftat begeht, müßte diese dann so schwerwiegend sein, daß sie nicht mehr durch gerechtfertigten zivilen Ungehorsam gedeckt wäre. Es ginge also um eine Einladung zur Eskalation.

Die herrschende Meinung lehnt daher eine Rechtfertigung ab und betrachtet den zivilen Ungehorsam als Strafzumessungsfrage[100]. Gegen eine derartige Einordnung wendet sich aber neuerdings *Roxin*. Er ist der Auffassung, daß für die seiner Ansicht nach nicht strafbedürftigen Fälle eines allerdings eng einzugrenzenden zivilen Ungehorsams der Ausschluß der strafrechtlichen Verantwortlichkeit angebracht sei[101]. Als strafrechtliche Verantwortlichkeit bezeichnet er das dritte Deliktsmerkmal, das nach seinem dogmatischen System abweichend von der herrschenden Strafrechtsdogmatik und dem Gesetzeswortlaut nicht nur aus der Schuld, sondern auch aus präventiven Gesichtspunkten bestehen soll[102]. Er meint deshalb, daß bei zivilem Ungehorsam zwar die Schuld der Täter gegeben sei, es gleichwohl aber an der strafrechtlichen Verantwortlichkeit fehle. Denn eine Bestrafungsnotwendigkeit sei in den seriös motivierten Fällen symbolischen Widerstandes nicht gegeben. Die Täter seien keine Kriminellen, und sozialpolitisch genüge die Mißbilligung des Regelverstoßes durch Beharren auf der Rechtswidrigkeit des Täterverhaltens. Auch sei es besser, „das grundsätzlich systemkonforme Protestpotential unserer Gesellschaft durch

---

[98] So schon *Prittwitz*, JA 1987, 17; *Roxin*, Schüler-Springorum-Festschr., S. 16; siehe auch *Jakobs*, Allg. Teil, 15/5b. Daß entgegen *Schüler-Springorum* ([Fn. 90], S. 87 ff.) hier auch § 34 StGB nicht eingreift, ist evident. Es fehlen offensichtlich mehrere Erfordernisse des rechtfertigenden Notstands; vgl. die Auflistung bei *Roxin*, Schüler-Springorum-Festschr., S. 445 f. und *Kühl*, Allg. Teil, § 9 Rnr. 110.

[99] BVerfGE 73, 206, 252.

[100] *Dreher/Tröndle*, StGB, 47. Aufl. 1995, Vor § 32 Rnr. 10a; *Hassemer*, Ziviler Ungehorsam – ein Rechtfertigungsgrund?, Wassermann-Festschr., S. 325, 336 ff.; *Jakobs*, Allg. Teil, 15/5b; *Lenckner*, in: Schönke/Schröder, § 34 Rnr. 41a; *ders.*, JuS 1988, 349, 355.

[101] *Roxin*, Schüler-Springorum-Festschr., 1993, S. 441, 453.

[102] *Roxin*, Allg. Teil I, § 19 Rnr. 1 ff.

einen Strafverzicht zu integrieren, anstatt es durch eine Bestrafung zu diskriminieren und auszugrenzen"[103].

Letzteres macht bereits deutlich, weshalb die herrschende Strafrechtsdoktrin ein derartiges Deliktsmerkmal „strafrechtliche Verantwortlichkeit" schon grundsätzlich ablehnt: Durch die Einbeziehung von Präventionsaspekten in die Schuldebene wird der Unterschied zwischen Straftatvoraussetzungen und Rechtsfolgenbereich verwischt[104]. Die Frage, ob es angezeigt ist, unter Präventionsgesichtspunkten auf die Strafe zu verzichten, stellt sich erst im Anschluß an die Bejahung des Gegebenseins einer Straftat. Bei der vorliegenden Problematik tritt als Einwand hinzu, daß es den Tätern doch gerade darauf ankommt, durch die Begehung einer strafbaren Tat die erhoffte Signalwirkung zu erzielen. Insoweit erheben sich gegenüber dem Lösungsvorschlag *Roxins* die gleichen Einwände wie gegenüber der schon abgelehnten Rechtfertigungsauffassung. Sie werden zudem noch insoweit verschärft, als hier einem im Vollbesitz seiner psychischen Steuerungsfähigkeit befindlichen Personenkreis bescheinigt würde, er lasse sich subjektiv nicht für sein Verhalten strafrechtlich verantwortlich machen. Das wäre eine fragwürdige Einstufung.

Es zeigt sich daher, daß es auch beim „zivilen Ungehorsam" erst um den Rechtsfolgenbereich geht. Hier könnte der Gedanke des Strafverzichts, und zwar de lege ferenda, in der Form des Schuldspruchs mit Absehen von Strafe bedeutsam sein. Jedoch ist demgegenüber anzuführen, daß auch dies auf ein Mißverständnis über den zivilen Ungehorsam hinauslaufen würde. Es stünde dann nämlich von vornherein fest, daß die Bestrafung und im Hinblick auf § 153b Abs. 1 StPO regelmäßig sogar bereits die Anklage unterblieben. Zum Wesen des zivilen Ungehorsams gehört es aber gerade, daß der Täter sich der Rechtsfolge des Regelverstoßes, hier der Bestrafung, aussetzt[105]. Deshalb würde auch das Absehen von Strafe die Konsequenz haben, daß es zu der erstrebten Provokation des Schritts zu schwereren Straftaten bedürfte. Bei dem in der deutschen Diskussion teilweise hinsichtlich der Bestrafung aufgetauchten Unbehagen ging es vor allem um die Fälle von Sitzblockaden der Friedensbewegung[106]. Hier lag der kritische Punkt jedoch eben schon darin, daß richtiger Ansicht nach der Tatbestand des § 240 StGB gar nicht erfüllt war, weil das passive Blockieren noch keine Gewalt im Sinne des im Strafgesetzbuch verwendeten Gewaltbegriffs darstellt. Des-

---

[103] *Roxin*, Schüler-Springorum-Festschr., S. 455 f.

[104] Näher dazu *Hirsch*, in: LK, Vor § 32 Rnr. 182a m. w. N.

[105] Vgl. *Rawls* (Fn. 90), S. 403 („Bereitschaft, die gesetzlichen Folgen der Handlungsweise auf sich zu nehmen"); *Habermas* (Fn. 93), S. 29, 35, 42 f.

[106] Siehe *Dreier* (Fn. 90), S. 68, 71; *Schüler-Springorum* (Fn. 90), S. 83 f.; *Roxin*, Schüler-Springorum-Festschr., S. 449 ff.; auch *Lenckner*, JuS 1988, 355.

halb eignet sich das juristische Trauerspiel[107] der Sitzblockaden wenig zur grundsätzlichen strafrechtlichen Beurteilung der Fälle zivilen Ungehorsams.

Darüber hinaus ist es fragwürdig, von einer an sich positiven Einschätzung des zivilen Ungehorsams auszugehen. In einem demokratischen Rechtsstaat, insbesondere so fortentwickelten Zuschnitts wie der Bundesrepublik, haben die Bürger aufgrund der Meinungs-, Versammlungs-, Bekenntnis- und Koalitionsfreiheit und des allgemeinen Wahlrechts eine Vielzahl von Möglichkeiten, ihre Meinung zu artikulieren und auf die Mehrheitsbildung einzuwirken[108]. Das Wesen der Demokratie besteht in einer geistigen Auseinandersetzung über Politik und Gesetzgebung[109]. Sogenannter ziviler Ungehorsam entspricht nicht diesem Verfassungskonzept. Er ist entgegen *Habermas* das Gegenteil von reifer politischer Kultur.

Wenn man für eine positive Einschätzung auf den gewaltlosen Widerstand *Mahatma Ghandis* verweist[110], so wird übergangen, daß es sich dabei um den Widerstand gegen die Diktatur einer Kolonialmacht handelte. Der zur Erörterung stehende zivile Ungehorsam hat jedoch mit einem so hehren Recht wie dem Widerstandsrecht wenig zu tun. Man kann die Bescheidenheit des Widerstands gegen die beiden deutschen Diktaturen nicht dadurch kompensieren, daß man ihn heute gegen den Rechtsstaat probt.

Auch wird leicht übersehen, daß politisch-ethische Gründe relativ sind. Jede politische Ideologie nimmt für sich eine spezifische Ethik in Anspruch, weshalb auch eine spezifisch kommunistische oder faschistische Moral behauptet wird. Außerdem können sich hinter an sich schätzenswerten Zieletikettierungen, z. B. dem Frieden, ganz unterschiedlich zu wertende Mo-

---

[107] Begonnen mit einem Überspielen des parlamentarischen Gesetzgebers durch die Anwendung eines überdehnten strafgesetzlichen Gewaltbegriffs, sich auswirkend in einer Verlagerung des Problems in die Verwerflichkeitsklausel des ohnedies rechtsstaatlich fragwürdigen § 240 Abs. 2 StGB und damit auf die Instanzrichter, so daß zahlreiche konträre amtsrichterliche Urteile die Folge waren; sich fortsetzend in einer Patt-Entscheidung des Bundesverfassungsgerichts und erst spät – verbunden mit einer fatalen Politisierung des Problems – von diesem für verfassungswidrig erklärt, als bereits Hunderte strafrichterliche Verurteilungen erfolgt waren, die sich nun vom Standpunkt der jetzigen Rspr. aus als verfassungswidrig darstellen.

[108] Auf die Vielzahl bestehender anderer Einwirkungsmöglichkeiten und deren größere meinungsbildende Effizienz weisen auch *Lenckner*, JuS 1988, 354 und *Roxin*, Schüler-Springorum-Festschr., S. 446, hin. Zudem gelangen im heutigen Rundfunk und Fernsehen die Meinungen von Minderheitsgruppen ohnehin schon überproportional zur Geltung.

[109] Vgl. auch die bekannte Stelle bei *Welzel*, Naturrecht und materiale Gerechtigkeit, 2. Aufl. 1962, S. 253.

[110] Vgl. die Darstellung der Geschichte des zivilen Ungehorsams bei *Laker* (Fn. 90), S. 29 ff.

tive verbergen: Pazifismus oder Kriegsfurcht, aber auch einfach politische Antipathie gegenüber der von der Mehrheit getragenen Regierungspolitik. Im übrigen ist am zivilen Ungehorsam auffällig die Verabsolutierung der eigenen Meinung, das Sendungsbewußtsein und oft die epidemische Manipulierbarkeit der Beteiligten durch Meinungsmacher und hinter ihnen stehende Personenkreise. *Stratenwerth* hat in seiner Analyse der dem zivilen Ungehorsam zugeordneten Fälle, gerade auch denen der Gegenwart, bereits deutlich gemacht, daß die Täter zivilen Ungehorsams sich nicht grundsätzlich als systemtreu einstufen lassen. Vielmehr geht es ihnen auch um ein weiterreichendes Ziel als die durch Änderung der Mehrheitsverhältnisse erstrebte prinzipiell systemkonforme Verbesserung der bestehenden Ordnung, nämlich um eine Systemveränderung[111].

Alles das macht deutlich, daß es sich beim zivilen Ungehorsam nur um eine Strafzumessungsfrage handelt. Soweit die Motive der Täter mindernd ins Gewicht fallen, findet dies ebenso wie sonst gemäß § 46 StGB im Rahmen der Strafzumessung Berücksichtigung. Dabei ist es im einzelnen Fall möglich, daß das Gericht bis an die untere Grenze des Strafrahmens geht und nur eine symbolische Strafe verhängt. Es besteht in geeigneten Fällen zudem die allgemeine verfahrensrechtliche Möglichkeit einer Opportunitätseinstellung nach §§ 153, 153a StPO.

V. Schlußfolgerungen

Abschließend stellt sich die Frage, ob der Gesetzgeber tätig werden sollte. Nach den Ergebnissen der vorhergehenden Erörterungen bietet sich dazu hinsichtlich des Überzeugungstäters i.e.S. und des Täters zivilen Ungehorsams kein Anlaß. Denn für beide Gruppen bestehen keine strafrechtlichen Besonderheiten. Die Beweggründe und Ziele des Täters sind wie bei anderen Straftaten im Rahmen der gewöhnlichen Strafzumessung gemäß § 46 StGB zu berücksichtigen. Bezüglich des Gewissenstäters könnte dagegen angesichts der bis in die Rechtsprechung des Bundesverfassungsgerichts ausstrahlenden Unklarheit eine besondere Vorschrift im Strafgesetzbuch, etwa ein § 35a StGB, von Nutzen sein. Sie würde nach dem Ergebnis der angestellten Überlegungen zu lauten haben: „Handelt der Täter aus einem echten Gewissenskonflikt, ohne daß sein Gewissensentscheid bereits die Rechtswidrigkeit der Tat entfallen läßt, so kann die Strafe gemildert

---

[111] *Stratenwerth*, Popitz-Festschr., 1990, S. 260, 263 ff. Er verweist im Zusammenhang mit den Zielen auf den Wandel der „legitimierenden Grundlagen unserer Staatlichkeit" (S. 265). Seiner Ansicht nach kann und soll es aber Aufgabe der Rechtstheorie sein, unter Verzicht auf das theoretische Erfordernis der Systemimmanenz „neue, jenseits der etablierten Verfassungsprinzipien liegende Maßstäbe für die Legitimität zivilen Ungehorsams zu entwickeln" (S. 264 f.).

werden (§ 49 Abs. 1). Ausnahmsweise kann bei einem Vergehen von Strafe abgesehen werden, wenn der Umfang des Unrechts und eine erhebliche Minderung der Schuld dies zulassen." Wie schon betont, ergibt sich diese Lösung bereits de lege lata aus Art. 4 GG. Es liegt daher beim Gesetzgeber, darüber zu befinden, ob es zum gegenwärtigen Zeitpunkt weise wäre, die Gewissenstäterproblematik und damit zwangsläufig den ganzen Themenkreis in die Gesetzgebungsdiskussion einzuführen.

Im übrigen ging es mir bei meinen Ausführungen um zweierlei: Erstens aufzuzeigen, daß der Themenkreis einer differenzierenden Betrachtung bedarf, auch hinsichtlich des Gewissenstäters und des Inhalts des Art. 4 GG. Zweitens sollte deutlich gemacht werden, daß es in diesem Problemkreis nicht nur um eine positive Tendenz zum mündigen Bürger geht. Auffällig ist vielmehr ebenso die Überschätzung und Verabsolutierung der eigenen Meinung, eine Abwertung der Autorität des Rechts und ein manchmal erschreckendes Ausmaß an geistiger Manipulierbarkeit.

www.ingramcontent.com/pod-product-compliance
Lightning Source LLC
Chambersburg PA
CBHW050652190326
41458CB00008B/2528